인생
무엇으로
살까

인간은 누구나 행복한 삶을 살고자 하지 불행한 삶을 살고자 하는 이는 한 사람도 없을 것이다. 실패를 바라거나 괴롭고 행복하지 못한 삶을 살고자 하는 사람이 어디 있겠는가. 그러나 사람이 살다보면 때론 비바람이 불고, 때론 견디기 힘든 폭풍우가 밀려올 때도 적지 않다. 어쩌면 인생이란 자욱한 안개 길인지도 모르겠다. 그래서 가끔은 '내가 어떻게 살아야 할까?' 하는 의문을 갖기도 한다. 많은 사람들이 이렇게 물을 때마다 나의 대답은 한결같다. '모든 사람들이 자기가 각자 이 세상에 올 때 주어진 사명감(역할)을 다 완수하기 위해서 사는 것이다.'

공자님께서는 나이 50세에 천명(天命)을 아셨다고 한다. 그렇다면 이 세상에 올 때 약속한 사명감, 즉 천명을 다할 때 인생을 잘 살았다고 감히 말할 수 있을 것인가? 한 번 와서 정처 없이 가는 것이 인생이라고 하지만 하루하루가 과거, 현재, 미래 등 삼세가 동시 찰나 속에 돌아가는 생활 속에서 자기 맡은 바 의무, 소명감 완수를 위해 최선을 다해 수행정진해 약속을 지키며 사는 것이 참 인생이 아닐까 싶다.

불혹의 나이를 넘어서 인생을 돌이켜보니 한 번도 진정한 공덕을 쌓지도 못했다. 이 세상의 은혜를 갚지도 못한 것 같아 아쉬움이 늘 컸다. 비록 세상의 이치를 제대로 깨닫지는 못했으나, 불경·성경·논어 등 유사 이래 훌륭한 성인들이 남겨놓은 가르침이 많이 있어 부끄럽지만, 단 한 분이라도 법연을 맺어 자그마한 깨달음을 전하고자 하는 간절한 마음으로 이 글을 삼가 적는다.

이 과정에서 태백산에 계시는 설송 큰 스님과 석재 스님 등의 가르침을 크게 받았다. 또한 한정 선사, 천주 스님, 지용 스님, 현존 스님, 덕원 스님, 여원동(한송) 법사, 손재윤(태송), 황태호, 김우재, 김봉직, 김상호(정혜), 묘관음 보살, 덕행심 보살, 신용우 원장, 노용화, 정경숙, 홍진기, 최영묵, 박상흠, 김병현, 김상휘(약송), 황호승 사장, 특히 자료정리에 노고를 아끼지 않은 권오준 기자에게 감사의 말씀을 전한다.

2008년 10월(상달)

일송 이학산

목 차

제4장 우주회로와 운명제도 회로

부록 사상체질과 수맥

제 **1** 장
인생과 불교

진정한 공덕은

사람들은 누구나 자기가 잘한 일은 자랑하고 싶어하고 못한 일들은 숨기고 싶어한다. 하다못해 주위 동료들에게 식사나 술을 대접하더라도 꼭 자기가 식사비나 술값을 지불했다고 은근히 자랑하곤 한다.

식사를 다하고 계산을 할 때 보면 꼭 주위 사람들이 보는데 신용카드로 결제를 한다든지, 주위 사람을 의식해서 내가 식사 대접하겠다고 먼저 공표하고 대접해도 진정한 공덕이 못된다.

왜냐하면 내가 '너 배고플 때 식사 대접하고 술 사줬는데' 하는 생각을 가지고 하면 안 된다. 이미 대가를 바라고 하면 공덕이 아니다.

무심(無心)으로 아무런 조건이나 대가 없이 베풀어야 한다. 부처님은 배고픈 사람이 동냥을 하러 왔을 때 쌀만 주지 말고 밥을 해서 먹도록 해주라고 말씀하셨다. 배고프고 가난한 사람은 쌀만 주면 안 된다. 보통 사람들은 불쌍한 이웃이 동냥하러 오면 쌀만 주고서 공덕을 쌓았다고 당당히 자랑하는데, 불법(佛法)에서는 공덕이 아니다.

바로 먹을 수 있도록 밥을 지어서 주는 것이 진정한 공덕이기 때문이다. 사람을 한 번 도와 주려고 하면 지팡이를 짚고 일어 설 수 있게끔 돌봐줘야 한다.

사례를 하나 들면 S벤처기업 회장인 C씨는 (평소 국가관과 모교사랑이 남달랐다) 독도분쟁 문제로 한일 관계가 안 좋은 최근에 ○○단체에 기부금으로 수 천 만원을 냈고, 출신 대학교의 개교기념일을 맞아 기부금을 모집하고 있다는 대학 총장의 연락을 받고 선뜻 거금을 쾌척했다.

C회장이 건넨 돈은 가난한 학생들에게 장학금으로 지급되거나 학교 발전을 위해 유용하게 사용될 예정이다. 주변 지인들은 좋은 일을 했다며 그를 칭찬했다. 과연 C회장은 진정한 '공덕'을 쌓은 것일까?

물론 C회장 자신은 공덕을 쌓았다고 뿌듯해 하고 있다. 그러나 C회장의 평소 생활을 보면 불가에서는 쌓은 공덕이 없다고 평가한다. 무엇보다 C회장은 자기 명성을 높일 수 있는 일회성 기부는 적극적으로 했지만, 평소 주변 사람들과 직원들, 친형제들에게는 너무나 인색했기 때문이다.

수년 동안 헌신적으로 일한 직원들에게는 월급과 수당을 하루아침에 삭감한 것이 대표적인 사례다. 자기 주변사람들부터 잘 챙기는 것이 공덕의 시작이라고 할 수 있다. 한번 큰 돈을 기부했다고 해서 공덕을 쌓았다고 볼 수 없다.

또 K회장처럼 고아원에 몇 천 만원을 기부했다고 매스컴에 기부 사실을 떠벌리고 다니는 것도 진정한 공덕이 될 수 없다. 돈을 몇 천 만원 기부했다는 것은 공덕이 조금 있으나 이것은 유한한 공덕이다.

공덕은 자기 명성을 자랑하기 위해 떠들면서 쌓는 것이 아니다. 왼손이 하는 일을 오른손이 모르게 하는 것이 진정한 공덕이다.

나는 저 태양과 공기의 소중함, 감사한 마음을 알 때 진정한 공덕을 아는 것이라고 생각한다. 태양과 공기는 우리에게 어떤 대가를 바라고 빛과 숨을 쉴 수 있는 공기를 제공하는 것이 아니기 때문이다.

운명은 심은 대로 거둔다

생각은 행동을 낳고, 행동은 습관을 낳고, 습관은 운명을 낳으니 부디 눈으로 바르게 보고(正見), 귀로는 바르게 듣고(正音), 몸으로는 바르게 행(正行)해야 한다.

복(福)을 받으려면 남을 위하여 몸으로, 마음으로 또는 물질적으로 조건 없이 베푸는 것이 모두가 불공이다. 자기가 지은 만큼 복(福)을 받는다. 우주 실상 법(法)은 한치의 오차 없이 인과응보가 정확하다.

현세에 악한 일을 하여도 잘 사는 사람이 눈에 많이 띄는데, 그것은 그 사람이 전생에 많은 공덕을 쌓았거나 그 부모가 덕을 쌓았기 때문이다.

하지만 한 때 잘 살고 잘 되는 것처럼 보이는 것은 촛불이 마지막 탈 때 큰 빛을 발하는 것과 같이 순간적이다.

따라서 그 공덕이 다 끝나면 다시 죄를 받게 되어 있다(자기가 공덕을 쌓은 만큼만 가지고 간다). 남과 비교하지 말고 남을 부러워하지도 말라. 한 생각이나 하나의 행동이 불행의 씨앗을 만드는 것이다. 운명의 법칙은 외상도 공짜도 없다.

설령 사랑하는 부모, 처자식이 죽었다 하여도 같이 따라 죽는 사람은 극히 드물다. 이 세상에 올 때 자기가 가지고 온 수명과 선업을 쌓은 업보가 다 다르다. 때문에 현세에서 베풀지 않고 방자한 행동을 하면 내생에는 삼악도에 태어나 고통을 받게 되는 결과가 올 수 있으니 많은 복전을 쌓고 육바라밀 행을 하자.

우리 인생은 은혜의 생활이다. 태어나서 죽음에 이를 때까지 모든 중생이 모두 우리의 은인이며, 모든 사물, 자연, 공기 등 우리에게 은혜를 베풀어 주지 않는 것이 없다.

위로는 국가나 부모, 스승, 아래로는 많은 중생들과 동, 식물에 이르기까지 모두 우리에게 무한한 은혜를 베풀어 주고 있는 것이다.

먼저 자신에게 베풀어지고 있는 모든 중생들의 은혜에 대해서 감사하게 생각하고 보답할 줄 알아야 한다.

우리는 이 사회의 일원이지만 또한 이 사회는 나 하나의 존재를 위해서 많은 사람들이 노력하고 봉사하는 곳이다.

내가 먹는 음식에서부터 의복 등 모든 것들이 나를 위하여 많은 사람이 노력하고 봉사한 은혜의 산물인 것이다.

그러므로 진정한 인간다운 삶을 살기 위해서는 나에게 베풀어지는 모든 은혜는 우리들의 이웃인 중생, 바로 주변 사람들의 은혜라는 것을 깊이 자각하고, 보답하며 서로 돕고 사는 것이다(報恩).

우리 모두의 '나만 제일이다', '나 아니면 안 된다', '우리 식구, 우리 가족만 잘 먹고 잘 살면 된다.' 는 마음은 아주 잘못된 사견이다.

아집과 욕심을 버리고 세상 이치가 나와 남이 둘이 아니며, 이웃의 은혜 없이는 내가 온전할 수 없음을 바로 알아야 한다.

  마음의 눈을 떠서 본래 부처임을 바로 보라!(悉有佛性)
  '공중에 뜬 저 달의 그림자가 없듯이 내 몸 또한 영원하지를 못하
니 이 세상에 내 것이 어디 있을까!'

본성과 교만

　인간의 일생(一生)은 누구나 자기 마음대로 이루어지지 않고, 또 자신의 삶에 100% 만족을 느끼지 못하며 살고 있다.

　살다 보면 좀 더 오래 살았으면 하는 마음이 들기도 하고, 일상생활을 하는데 별로 부족함도 없고 고통(苦)도 별로 없었건만 좀 더 편하게 살 수 없었나 하는 생각이 나를 평생 좇아 다닌다.

　인생이란, 채우지 못한 그것을 다 채우려고 하면서 이 세상 끝날 때까지 염원과 소망을 갖고 윤회한다.

　인간이 이 세상에 올 때 구궁(九宮)이 있다. 그 구궁에서 힘과 빛과 소리를 다 구비하고서야 부모를 통하여 사바세계로 자연히 하강하게 된다.

　만일 아홉 가지 중에서 힘을 다 받지 못하고 내려오면 병약(病弱)하며, 빛이 부족하면 그 모습이 남에게 추하게 보여지며, 소리의 힘을 제대로 받지 못하게 되면 언어(言語)의 장애를 일으키게 되지만, 이 세상에 와서 부처님 가피(도움)를 받고 수행(修行)을 제대로 하면 구궁이 채워지게 된다.

　"다음 생에는 좋은 남편, 좋은 부인과 부잣집에서 태어나 행복하게 살아 봐야지."라고 염원하고 소망하면 그 소망을 이루기 위해 다시 윤회하게 되는 원리다.

소망(所望)을 이루기 위해서 이번 생에 불법(佛法)을 잘 닦아 수행하고, 각자 맡은 바 사명감(天命)을 다 하며, 부처님 10대(代) 명호 중에 '선서'와 같이 아무런 흔적 없이 한(恨)과 원망, 하고자 하는 염원 없이 잘 수행하다 가면 윤회를 하지 않는다.

본아(本我), 진아(眞我), 타아(他我)가 셋이 아닌 하나인 것이다.

"사촌이 땅을 사면 배가 아프다."는 말이 있다. 인간은 남이 잘 되는 것을 시기, 질투하는 나쁜 마음을 갖고 있다. 따라서 나를 알듯이 남을 알아야 한다.

타아는 내가 부모를 의지하면서 자랐기에, 누군가에게 의존하고 싶은 것은 본성인 셈이다.

물론 남도 나에게 의지하고 싶어한다. 이것을 알아야 하며, 남은 나의 비어 있는 틈을 타서 나를 이용하려 하는 것을 알아야 하며, 내가 잘하면 나의 잘못을 들추어내려 하며, 시기하는 것이 남이라는 것을 잘 알아야 한다.

물론 자기 모습도 잘 알아야 내 마음을 속이지 않을 수 있다. 이는 내 잘못을 스스로 헤아려야 자기를 아는 것과 같은 이치다.

따라서 교만(驕慢)한 마음을 버리고 불법(佛法)을 만나 겸손(下心)해야 한다.

요즘 21C 현대인들은 누구나 지식적으로 많이 배우고, 또 인터넷이 일반화되면서 전 세계의 지식과 정보를 누구나 다 알 수 있는 시대가 왔다.

또 세간에서는 '말법 시대', '미륵의 시대', '음의 시대'라고 한다.

'오탁악세'가 판을 치기 때문에 인간들의 심성이 정법·상법시대보다 악한 시기에는 머리를 구부리고 겸손하게 살아야만 힘이 생기고 험난한 시대에 살아 남을 수 있다.

교만하면 두 가지 악덕이 따라다닌다.

하나는 다른 사람을 불쾌하게 하는 것이고, 또 하나는 겸손의 미덕을 잃음으로써 더 이상의 발전을 방해하는 것이다.

세상에는 교만에 빠져 인간관계가 나빠지면 다른 사람의 구설수에 오르는 경우가 많고, 나쁜 영향의 파장을 받아 사회생활이 잘 되지 않는 경우가 허다하다.

하루속히 부처님의 정법(正法)을 만나 하심(下心)하며 다른 사람들도 항상 합장 공경하는 마음을 갖도록 해야 한다.

권력이 있고 돈 많은 사람, 똑똑하고 잘난 사람들이 하는 행동거지를 보면 눈꼴시어서 견디지 못하는 경우가 한두 번이 아니다.

그들은 도대체 겸손할 줄 모른다. 다른 사람들은 무조건 자기 발아래 있다고 생각하는지 웬만하면 반말로 지껄인다.

자기는 무슨 별종이라고 생각하는지 보통 사람하고는 식사나 차 마시는 것조차 하려 하지 않는다.

배를 내밀고 팔자걸음으로 걷고, 목에는 철심을 박았는지 고개를 숙일 줄 모른다. 어디 가서든 특별대우를 받아야 직성이 풀린다.

이런 별종들은 절에 와서도 마찬가지다. 돈과 권력을 앞세워 거드름을 피우며 으스댄다. 심지어 부처님께 예배할 때에도 특별대우를 요구한다. 이런 사람을 부처님이 보았다면 과연 어떻게 했을까? 아마 거들떠 보지도 않았을 것이다. 그렇게 해서야 부처님의 가피를 받겠는가?

* 불교에는 맹구우목(盲龜遇木)이란 말이 있다.

첫째는 사람의 몸 얻기 어렵고(人生難得), 둘째는 남자로 태어나기 어렵고(又夫難得), 셋째는 출가하기 어렵고(出家難得), 넷째는 불법 만나기가 어렵다(佛法難得). 이 경구가 의미하는 바는 천재일우(千載一遇)의 기회를 허송하지 말라는 데 있다.

백천만억의 참뜻

〈관세음보살보문품(觀世音菩薩普門品)〉에 백천만억(百千萬億) 중생이라는 부처님 말씀이 나온다. 이 말씀을 풀어보면 다음과 같다.

첫째, 백(百)의 모습(백해무익한 것)이 있다.

모든 살아서 움직이는 힘은 백해무익한 것을 제대로 이용해야 된다.

예를 들어 화장실 변은 냄새가 나고 싫지만 그러나 그것을 퍼서 밭에 뿌리고 곡식에 거름으로 주면 그 열매는 굵고 알찬 법이다. 거름이 더럽다고 함부로 버리지 말고 사과나무에 거름을 줘라. 거기서 나오는 사과는 달고 맛있다.

이런 것이 백(百)의 원리다. 즉 백해무익하다고 해서 마구 내치지 말라는 뜻이다. 사회생활을 하다 보면 인간관계에서도 꼭 나를 괴롭히는 불편한 상사나 부하직원이 있으나 잘 용인해서 화합해야 한다.

그 사람과 화합을 못하고 싫어서 다른 직장에 옮기거나 심지어 국가까지도 옮겨서 사회생활(직장)을 하더라도 그런 사람은 있기 마련이다.

이것이 우주의 상생상극의 원리인 것이다.

물과 불은 상극이지만 잘 화합하면 맛있는 밥이 되는 것처럼 국가에 개인적으로는 세금을 내기 싫지만 국가 재정을 위하여 세금을 잘 내야 하는 이치다.

그래야 자동차가 잘 달릴 수 있게 도로도 만들고, 경찰이 우리 개인의 재산과 생명을 위협할 수 있는 범죄로부터 지켜줄 수 있는 이로운 모습으로 바뀌게 된다.

이것이 중생으로서 지혜로운 삶을 사는 것이다.

둘째, 천(千)은 답답하고 캄캄한 자리를 뚫고 나가는 모습을 뜻한다.

우리 인생은 내일도 모레도 모르거니와 십 년, 이십 년을 내다보면 캄캄하기만 하다. 아무것도 잡히는 게 없다는 뜻이다.

그러나 이것도 아무리 답답하고 캄캄해도 열심히 뚫으면 결국은 전부 이루어지게끔 되어있는 것이다.

또 21C 인간들의 마음은 자기가 더 잘나 보이고 똑똑한 척하면서 겸손하지 못하기 때문에 고통이 따른다.

자연(自然)이 그렇듯이 인간도 겸손하고 머리를 숙이면 힘이 생긴다.

모든 것이 자업자득이고 내 탓이라고 생각하고 감사한 마음으로 살아야 한다. 돈도, 명예도, 건강도 자기 마음대로 잘 안 되는 것이 세상 이치다.

셋째, 만(萬) 역시 우리 인생의 원리를 얘기하고 있다.

고통이란 마침표가 없다. 바라지도 않았지만 다시 다가와서 나를 괴롭히는 것이다.

즉 산소에 가서 벌초를 하고, 또 손톱을 깎아도 일주일이 멀다 않고 또 자라는 것처럼 이 인간 세상에도 근심 걱정, 어려운 일이 떠나지 않는다.

한가지를 해결하고 나면 또 반드시 다른 일이 생기게 돼 있다. 부모가 자식을 잘 길러서 스무 살 넘으면 이제 내 할 일도 적어지고 팔자가 좀 나아지겠지 했는데, 자식이 스무 살이 넘으니까 며느리 볼 생각에 근심하게 되고, 며느리를 얻으니까 손자를 기다리게 되는 것과 같다.

어디 이뿐이랴. 앞의 문제가 해결되어도 취직·건강 걱정 등 8고(苦)에서 벗어나기 어려운 원리다.

오늘 돈 벌었으면 그걸로 만족하면 좋은데 내일 더 벌려고 하는 '만' 의 모습을 띄고 있다.

그러니까 인간은 하루에 번뇌 망상을 수십 수백 번을 한다. 만 가지 생각과 의심—잘못한 일, 좋은 생각, 먹고 사는 생각—을 하지 말고 하나만 생각하자.

만 가지 번뇌 망상을 한 가지만 일심(一心)으로 생각해라. 일체유심조(一切唯心造), 이러면 못 이룰 것이 없다.

넷째, 다음이 '억(億)' 이다.

저 사람이 내 마음과 같아지면 좋겠는데 그렇지가 못하다. 내 마음을 따라주지 않는다. 이는 인간사가 그렇다. 요즘 정치판만 봐도 편이 엇갈리는 것을 흔히 볼 수 있다.

부모 자식 마음 따로, 남편 아내 마음 따로, 직장 상사 부하직원 마음 따로 등 입장과 처지에 따라 마음이 다 다르다.

그것은 이 세상이 전부 '방(方)' 으로 되어 있어 그런 것이다. 그래서 가령 내가 생긴 모양이 사각형이라면 저 사람은 오각형으로 되어 있고 그래서 사각형과 오각형이 서로 맞지 않듯이 서로 마음이 맞지 않는 것이 세상의 원리다.

그렇기 때문에 뜻을 같이 모아 화합해야 한다. 각자 화합하기 위해서는 맡은 바 임무를 잘 해야 한다. 지나치게 남을 간섭하지 말고 이심전심이 될 때까지 의중(화합)을 하는 것이 좋다.

남이 내 마음대로 따라주지 않는다고 원망하지 말고 '억'에 원리를 알면 훨씬 지혜로운 생활을 영위할 수 있을 것이다.

나도 늙고 병들은 부모님이 돌아가시기 전에 잘 모시고 싶었지만 그게 생각처럼 잘 되질 않았다.

그래서 어머님은 어머니대로 불평을 하고 나는 나대로 고민이 많았었다.

각자 생각과 취향과 바라는 바가 다르기 때문에, 이 세상은 '방(方)'으로 구성되어 있고 '억'으로 되어있기 때문에, 모든 사람들이 내 마음 갖지 않다.

그 때는 자기 뜻, 자기 생각(相)을 버리고 어머니 심중을 헤아려 병수발을 들고, 뜻을 같이하고 화합하는 것이 제일 중요했음을 이제야 깨달았다.

죄(罪)란 무엇인가

우리가 이 세상에 올 땐 어떤 소명감으로 살다 돌아가겠다고 맹세를 하고 왔다. 그런데 사·농·공·상 등의 직업을 가지고 자기 맡은 바 임무, 즉 천명(天命)을 행하지 않을 때 유죄가 된다.

연극처럼 어떤 배역이든 맡아서 자기 역할을 다 하고 가면 무죄(無罪)다. 속세에 살면서 남한테 욕을 하고 때리기도 하는 것도 죄가 되지만 그런 죄는 큰 죄가 아니다.

인간이 살다 보면 싸울 때도 있고 욕할 때도 있고 남한테 못할 짓도 하지만 우주의 큰 흐름(부처님 法)에서 보면 이런 죄가 아니다.

예를 들어 석가모니 부처님 시절에도 사촌 동생인 제바달다라는 제자가 있었다. 그는 오역죄를 지은 사람인데 첫 번째는 산에서 커다란 바위를 굴려 석가모니 부처님을 죽이려 했는데 실패했고, 두 번째는 코끼리 떼를 몰아서 짓밟아 죽이려 한 죄였다.

세 번째는 음식에 독약을 넣어 죽이려 한 죄, 네 번째는 교단을 절반 나누어서 종단 화합을 깨고 이탈한 죄, 다섯 번째는 아름다운 여인을 차지하려고 살인한 죄를 지었다.

제바달다는 사실은 전생에 부처님의 스승이었다고 한다. 하지만 부처님은 제바달다가 현세에 와서도 자기를 죽이려 했기 때문에 항상 조심했고, 힘과 지혜를 더 크게 얻게 되었으며, 진리를 깨닫을 수 있게 됐다고 한다.

오역죄를 지은 제바달다도 다음 생에 수기를 받아 성불하는 경이 《법화경》 제12장 〈제바달다품〉에 나온다. 즉 부처님 생명을 몇 차례 위협하고, 또 종단화합을 깨고 비록 오역죄를 범한 사람도 참회하고 부처님 법을 구하여 수행하면 성불할 수 있다는 것이다.

석가모니 부처님이 수행하고 진리를 설법하는 데 도움을 준 악역을 담당한 사람도 천명(天命)으로 맡은 바 자기 역할을 다 했다는 것이다.

요즘 세상에서 영화를 한 편 제작하더라도 좋은 배역만 맡고 악역을 안 맡으려고 하면 그 영화가 잘 될 수 있을까?

주인공도 있고 악역, 조연, 엑스트라까지 자기 맡은 바 임무를 다할 때 한 편의 드라마, 영화가 잘 되는 것이다.

이 세상에 올 때 사지 육신을 성하게 타고 났으면 자기 육신을 놀리지 않고 최선을 다해 일하는 것이 곧 죄를 짓지 않는 것이다.

의사는 의사로서의 역할이 있고, 농사꾼은 농사꾼으로서의 역할이 있으며, 장사꾼은 장사꾼대로 자기 맡은 바 임무를 하지 않고 빈둥빈둥 놀고 먹으면 죄가 된다.

이 세상에 와서 열심히 일해야 할 때 일하지 않고, 놀고 게으름을 피우면 반드시 그건 유죄다.

이렇게 반문할 수도 있다. "내가 부모 유산 물려받아서 노는 데 무슨 죄가 있어.", "열심히 일해서 먹고 살만큼 되어 노는 데 무슨 죄가 있어." 그럴 수도 있다. 하지만 부처님 법에서는 안 된다는 것이다.

부처님 세계(佛世界)를 보면 우리가 돈이 많고 또 갑자기 로또에 당첨되어 횡재를 했다 하더라도 좋은 곳에 돈을 쓰지 않고 술집에 가 술 마시고, 기생집에 다녀 보라.

향락, 유흥에 빠져 헤어나지 못하면 그 사람이 나중에 어떻게 되겠는가. 술병이 나든지 여자 때문에 중풍에 걸리든지 건강을 잃게 된다.

우주는 한 치의 오차도 없다. 인과응보, 꼭 벌을 받게 된다. 그런데 만약에 재산이 있어도 그 재산을 어렵고 불쌍한 사람에게 나누어 주고 협조해 가면서 열심히 자기 맡은 바 임무를 매일매일 할 때 건강이 유지된다.

돈 많은 재벌들이 보약을 많이 먹고 매일 운동을 한다고 해서 병이 없고 오래 사는 것 같으면 이 세상에 생로병사가 없는 것이 아닐까.

옛말처럼 남의 집 마당이라도 쓸고 청소를 해주면 칭찬을 받을뿐더러 육신을 움직이면 몸도 건강해지고 전생의 죄도 벗는 길이 된다.

남에게 봉사하고 근면한 것이 건강도 지키는 길이다. 죄 중에 제일 큰 죄는 남에게 잘못한 것보다 부처님 뜻을 거역하는 죄가 가장 크다.

부처님께서는 자기 맡은 바 임무를 다하고 남과 서로 돕고 살라고 하는데, 남은 돕지 않고 저 혼자만 살자고 하는 것은 유죄다. 우리의 육신의 목숨은 원래 내 것이 아니었기 때문이다.

육근의 쓰임

눈, 귀, 코, 혀, 몸, 뜻은 모두 그 나름의 쓰임새가 있다.

● 안(眼)

우리는 흔히 눈이 사물을 보려고 하지만 사실은 눈은 마음이 시키는 대로 보는 기계에 불과하다. 어떤 마음으로 보느냐에 따라 좋게도 보이고, 그릇되게도 보게 되는 것이다.

예를 들면 재벌 총수는 눈만 뜨면 세상이 다 돈으로 보이는데, 우리는 일년 내내 쳐다봐도 세상이 돈으로 안 보이는 것은 눈의 기능이 나빠서가 아니라 사물을 바로 보는 안목의 차이가 있기 때문이다.

재벌 총수의 눈과 일반사람들의 눈을 안과에서 검사해 보면 각자의 눈은 전혀 이상이 없는데 지혜의 차이(육안, 심안, 혜안, 법안, 불안)때문에 그런 현상이 나타나는 것이다.

우리의 눈은 항시 어두운 곳을 보라고 만들어 놓았다. 항시 밝은 곳만 보라고 있는 것이 아니다. 어두운 곳을 들여다 볼 줄 알아야 한다. 힘들고 어렵게 사는 불쌍한 사람을 보고 도와줄 때 비로소 눈을 뜬 것이다.

지혜의 눈으로 보면, 아래로는 지옥이 보이고 위로는 '색구경천'(천

당의 의미)을 본다.

● 이(耳)

귀는 동서남북 사방의 소리를 들을 수 있어서 좋지만, 한쪽 귀로
듣고 한쪽 귀로 흘려 보내야 한다. 만약에 누가 나쁜 소리를 해
서 듣고 가슴에 남겨두면 한(恨)이 된다. 너무 좋은 소리도 (좋은
음악, 가수의 목소리) 마냥 끌리면 안 된다.

귀는 단지 듣는 데 목적이 있다. 자기 마음이 어두우면 어두운 소
리만 듣게 되고, 마음이 청정하면 상대방이 나에게 나쁘게 이야기해
도 거슬리지 않게 들린다.

수행이 잘 된 자는 남이 나쁘게 얘기해도 나쁜 걸 걸러서 좋게 듣
는다. 바람소리, 물소리, 짐승의 소리, 신중의 소리를 듣고 전부 의
사소통을 할 수 있다. 산천초목 모든 것에서 나오는 진리의 소리를 들
을 수 있다.

● 비(鼻)

코가 청정해지면 서로 마음이 통해져서 화나는 마음이 풀어져 화해
가 된다. 코는 냄새를 맡고 분별하는 데 쓰인다. 다 자기의 성품이
생긴 대로의 향이 있는데 향을 맡고 금새 상대를 알 수 있게 된다.

여자들 화장품 같은 가짜 향기보다 진정한 자기 본인의 수행공덕의

향기를 내도록 해야 한다.

- 설(舌)

  혀가 수행이 잘 되면 내가 한 말이 다 남에게 좋게 들린다. 이해
  가 된다는 뜻이다. 그 이유는 사람은 스스로 경험하지 않고, 노
  력하지 않고 함부로 말해서는 안 된다는 뜻이다.

  열심히 수행하고 노력한 말은 상대를 즐겁게 하고 이해가 잘 가게
  한다. 맛없는 음식도 맛이 있게 된다. 부처님께서 탁발하실 때 일이
  다. 어떤 사람이 부처님을 시험하기 위해 쉰밥을 공양했으나 부처님
  은 그냥 미소 지으며 잡수셨다. 그래도 탈이 나지 않았다. 쉰밥의 기
  능이 발휘되지 않았기 때문이다.

  우리 중생들은 바르고 진실한 말보다는 남을 해치는 말을 쉽게 하
  는데 말 속에 행복과 불행을 만드는 기능이 있기에 말은 항상 조심스
  럽게 해야 한다. 혀(舌)의 쓰임이 중요한 이유다.

- 신(身)

  부처님같이 32상 80종호 몸이 되어야 한다. 몸 신(身)자의 속 뜻
  은 자기 스스로 힘이 나와야 되지 남으로부터 힘이 나오면 안 된
  다는 것이다. 자기 스스로 힘이 나오게끔 노력하는 사람이 되어
  야 한다는 뜻이다.

- 의(意)

불도(佛道)를 반드시 이루겠다는 뜻을 잘 세워라(立志). 뜻의(意)
자의 속 뜻은 너의 마음을 해와 같이 밝고 깨끗하게 어두운 마음
을 밝게 비추라는 것이다.

이처럼 불법(佛法)을 잘 수행해서 청정한 마음이 이루어지면 오근
(五根)(안, 이, 비, 설, 신)이 밝아져서 눈은 진리를 보고 귀로는 세상
의 지혜로운 소리를 들으며, 코는 맑고 아름다운 향을 맡고 진리를 말
하게 된다.

몸 또한 청정하여 몸이 물체이면서 아름다운 법과 통하여 오관이 바
르게 작용하니 우리 스스로 염원하는 최고의 행복을 이룰 수 있으리라.

언어 소통의 중요성(하늘, 공간, 땅의 장애)

　우리가 살고 있는 우주는 하늘, 공간, 땅으로 이뤄져 있는데, 무심코 하는 말과 행동에 하늘, 공간, 땅의 장애를 받는다는 얘기가 있다. 이 이야기를 풀어보면 다음과 같다.

하늘(天)

　하늘은 항상 우리가 생활하는 데 지장이 없도록 돕고 있다. 그런데 우리는 자기가 제일인 줄 알고 큰 소리를 친다든가, 힘도 없으면서 아는 체 하면 하늘의 장애를 받게 된다. 즉 하늘의 장애를 받는다는 것은 남들에게 도움을 받지 못하게 됨을 의미한다.

　예를 들면 자기가 무슨 사업을 할 때 필요로 하는 것을 얻지 못할뿐더러 귀인을 만나지 못해서 사업의 성공에 어려움이 있다는 것이다.

　그러다 보면 자기 마음조차도 점점 사악해지고 답답해진다. 그런 마음이 들 때는 자기가 했던 말이 하늘의 장애를 받지 않았나 생각해봐야 한다.

　우리가 이 세상에 올 때 우리 마음대로 온 것이 아니다. 그렇기 때문에 늘 "부처님 뜻대로 하십시요." 하는 마음으로 순응하고, "어떠한 고통(苦)도 달게 받겠습니다." 하는 '고즉사(苦卽師)'의 자세를 가져야 장애를 안 받는다.

공간(空間)

공간의 장애를 받는다는 것은 달걀을 먹으면서 닭이 밉다고 하는 격이다.

즉 자기가 어떤 사람의 신세를 지고 있으면서도 그걸 모르고 말을 함부로 해서는 안 된다는 뜻이다.

직장 생활을 할 경우 우리는 직장에서 월급을 받아 가정 생활도 하고 자식 공부도 시킨다. 그러면서도 직장과 상사를 욕하는 사람들이 비일비재하다.

그렇다면 공간의 장애를 받지 않으려면 어떻게 해야 할까.

마음이나 생각이 비어 있고 또 그릇에 물이 비어 있어야 채워지는 이치가 바로 공간이다.

마음이 비어 있어야 하늘의 해가 비쳐 들어오는 것처럼 상대방이 마음을 비워 편안해지도록 해주면 그 마음에 공간이 움직이면서 모든 일이 이루어진다.

만약 본인이 욕심을 가지고 자기 이익을 위해서만 말을 한다면 그 말을 듣는 상대방의 마음에 공간이 생길 여지가 없다.

상대방과 그 말이 맞고 안 맞고를 따질 경우 공간을 주지 않는 것이다. 상대방을 답답하게만 만들 뿐이다.

그렇게 자기 욕심을 앞세워 남에게 따지기만 하면 결국 자기가 공간 장애를 받는다. 그렇게 되면 하는 일마다 성사되는 게 없고 사사건건 낭패를 보게 된다. 집안 식구끼리도 언어소통이 되지 않아 헤어지는 것도 같은 맥락이다.

지(地)

땅에서는 우리의 말이 또 어떤 변화를 받을까? 땅은 열매를 맺게 해준다. 밭에서 보리가 자라는 것을 보면 세 마디가 된 다음에야 그 이삭이 나오는 것을 볼 수 있다.

우리가 하는 말도 그렇다. 세 번 생각을 하고 말을 하면 그 말은 반드시 열매를 맺을 수가 있는데, 세 번 생각하지 않고 말을 툭툭 쉽게 내뱉으니까 땅의 힘을 못 받는 것이다.

그래서 씨앗도 여물지 못하고 항상 제자리 걸음만 하기 쉽다. 이런 사람은 세상 어디를 가도 환영 받지 못한다. 이게 다 세 번 생각하지 않고 쓸데없이 지껄이고 자기는 행해 보지도 않고 남의 귀만 달콤하게 말을 하다 보니까 결국 땅으로부터 죄를 받게 되는 것이다.

우리가 하늘과 공간과 땅에서 힘을 받고 변화를 제대로 하려면 우선 말부터 조심해야 한다.

세치 혀로 하는 말을 통해서 업보를 지을 수도 있고 또 반대로 큰 공덕을 쌓을 수도 있으니 5번 잘 관찰(觀)하고, 3번 생각(念)하고, 말을 듣는 상대의 입장을 잘 고려해서 말을 전해야 한다. 그래야만 하늘, 공간, 땅의 장애를 받지 않게 된다.

천(해, 달, 별)·지(물, 흙, 돌)

해, 달, 별과 물, 흙, 돌은 우리 삶의 필수조건이다. 따라서 그 쓰임과 원리를 알아야 삶의 이치를 알 수 있다. 이처럼 세상의 이치는 깊은 산 속에 있는 것이 아니고, 우리가 매일 접하는 천지(天地)에 있는 것이다.

해(日)는 모든 것을 밝혀주어 우리 눈에 띄게 해준다. 아침에 해가 뜨면 모든 사물을 비추어 주기 때문에 우리는 일어나 부지런히 일을 하며, 밤에는 쉬어야 하는 것이 도리다.

공중에 뜬 해를 바로 보고 똑바로 살아야 한다. 우리는 매일 아침 해를 보고 살지만 그 교훈을 알려고 하지 않는다.

어둡고 그늘진 음의 세상을 양으로 돕고 살며 불쌍한 사람을 보면 절대 모른 척 하면 안 된다.

해가 뜨는 것은 바로 보고 똑바로 행동하라는 뜻이다. 해는 우리에게 생명의 빛, 에너지를 주면서도 그 값을 내라고 한번도 요구한 적 없다.

이야말로 아무런 조건 없는 사랑이 아니겠는가? 이런 점을 본 받고 해와 같이 살아야 한다.

달(月)의 모습은 찼다 기울었다 하면서 항상 때에 맞춰서 변화하고 있다. 초승달, 보름달의 모습이 각각 다르다. 인간도 유년기, 청년기, 노년기 모습이 제각기 다르다.

달은 태양의 열을 식혀주고 조절한다. 인간도 달과 같이 상대가 잘못한 것은 덮어주기도 하고 어떤 때는 꾸짖어 바로 잡아 줘야 한다.

인생을 살면서 나이가 많은 사람은 인생(人生)의 스승으로서 아랫사람을 함부로 부리지 말고, 어른 대접을 먼저 받으려 하지 말며, 자기가 솔선수범해야 한다.

하는 일이 안 된다고 달을 보고 원망하는 마음은 없어야 한다. 달은 만물을 마디마디 자라나게 하는 역할을 한다.

초승달, 보름달, 그믐달이 기울 때까지 만물을 훈련시켜 기르는데 그 목적이 있다.

해는 모든 만물을 굳게 하고 달은 모든 만물을 맞게 잘 조절하여 자라게 한다.

별(星)의 모습을 보고 자기 자신의 마음을 곧게 하는 것을 배워야 한다. 마음이 굳어진 채 쓸데없는 생각을 하지 말고 빈틈없이 바른 생각을 가지고 살아야 한다.

삼태성(새벽별)을 보면 새벽에 일어나서 일하고 잠에서 게으르지 말며, 은하수가 입에 들어오면 추수할 때 추수해야 되는 것을 의미한다.

밤하늘에 반짝이는 화려하고 찬란한 별을 보지 말고 그 과정과 인과를 봐야 한다. 별을 보고 판단, 생각하는 것은 매우 중요하다. 연예인 중 누군가 출세했고 성공했다면 그 사람의 화려하고 찬란한 모습만 보지 말고 스타가 되기 전에 노력하고 고생한 것을 봐야 한다.

별이 없으면 달빛이 나지 않는다. 사람도 역경이 있어야 힘, 지혜가 생긴다. 나무도 비바람 역경속에서 자라는 모습과 같다.

땅에는 첫째, 물이 있다. 물은 자기가 필요로 하는 곳에는 언제든지 응해준다. 모든 사람이 목이 마르면 원하는 대로 마시게 하고 사람들 몸 속에 들어가면 피가 되어서 살 수 있게 하며 목욕, 빨래, 청소하고 싶으면 청소하는데 쓰이고 누가 오든지 거부하지 않고 마음대로 쓰게 해준다.

우리 인간은 과연 해(日)와 같이 물(水)과 같이 아무런 조건 없이 누가 와서 뭘 하더라도 거부하지 않고 했는지, 또 어떻게 살고 있는지, 물, 해와 같이 살았는지 한 번쯤 생각해 볼 필요가 있다.

물은 결국은 바다로 모여서 다시 수증기가 되어 하늘로 올라가 구름이 동쪽, 서쪽에서 부딪혀서 화합해지면 비를 만들게 된다. 이 세상을 평화롭게 하며, 지상 만물을 적시고 모든 생명의 힘을 북돋운다.

흙의 모습은 하늘의 달 모습과 같다. 모든 사람의 마음을 받아들여서 함께 화합하며 사는 것이 흙의 원리다. 밭에 씨앗을 뿌리고 김을 매고 추수를 할 때 다 길러줘서 열매를 맺게 해 주는 것이다.

우리가 노력한 만큼 아낌없이 다 내준다. 흙의 가치는 모든 것을 길러내는 것이다. 땀을 흘려 열심히 노력한 만큼 받는다. 어떤 종자도 최선을 다해 길러내 열매를 맺게 해 주는 것이다. 우리 인간도 매일 밟고 다니는 흙을 보고 깨닫고 본받을 점이 정말 많은 것 같다.

인간에게 비추어 보면 모든 일을 포용해야 하겠다. 누구를 분별하거나 미워하는 마음 없이—좋은 인연이든 나쁜 인연이든— 수용해서 좋은 인연으로 만들어야겠다. 돌은 하늘의 별과 같은 역할을 한다. 돌은 주춧돌(기둥)역할과 에너지를 저장하는 것이며, 모든 땅의 기운을 더하게 해서 곡식과 열매를 기르는데 도움을 주는 것을 담당한다. 돌의 모습을 보고 우리는 남에게 도움을 주었는지 남의 일에 방해는 안 되었는지 한번 생각하고 반성해야 한다.

정리하면 해와 물은 원하는 대로 주는 역할을 하고, 달과 흙은 화합과 조정의 의미를 지닌다. 별과 돌은 곡식을 더 잘 기를 수 있게 도움을 주는 기능을 한다.

우리는 매일 뜨는 해를 보고, 흙을 밟고 살면서도 깨닫지 못하고 물 없이 생활할 수가 없으면서도 깨닫지 못하면 어떻게 하겠는가.

장엄(裝嚴), 색깔 · 소리 · 향기

장엄이란 우주의 부족한 에너지를 채워주고 소원성취가 잘 이루어지게끔 하는 불가의 법칙이다. 장엄의 종류는 많지만 색깔 · 소리 · 향기 등 3가지는 기본 장엄이다.

첫째, 색(色) 장엄이다.

이 세상 우주(宇宙)는 빛으로 되어 있다. 우주의 기(氣), 색(色) 장엄을 잘 받아야 하고, 또 휘장 장엄을 잘 할 줄 알아야 한다.

이 세상 삶을 살아가면서 색(色), 즉 우주의 빛을 잘 못 받으면 살아가는데 큰 장애가 많다.

예를 들어 여자의 유혹을 받아 바람을 피우기도 하고, 사업구상을 잘 못해 실패도 하는 등 인생에서 큰 어려움을 겪고 망신을 당할 수도 있다.

인간에게서 눈이 제일 중요하듯 우주의 빛(色) 장엄을 잘 받는 것이 매우 중요하다.

화가가 그림을 그릴 때에도 색에 따라 작품과 예술적 가치가 크게 달라지듯이 그 만큼 색(色) 장엄이 중요하다.

부처님 정법(正法)은 모든 사람이 보면 즐겁고 보편타당해야 정법이다.

어두운 밤길을 걸을 때 빛을 보고 싶어할 사람 없고, 휘영청 밝은 보름달 보고 각자 소원 빌 때 싫어할 사람 없고, 맑은 공기와 초롱초롱한 별을 보고 싫어할 사람 없듯이 색(色) 장엄을 잘 받고 행해야 한다. 부처님 대자대비의 마음으로 빛을 비추어 장엄을 해야 한다.

유명한 고찰에 가 보면 산란하고 불안했던 마음이 편안해지고, 속세에서의 번뇌 망상, 나쁜 유혹, 골치 아팠던 일들이 일주문에만 들어서도 눈이 맑아지고 머리도 개운하고 나쁜 생각이 없어지는 이유는 다 부처님의 법력과 색(色) 장엄이 잘 되어 있기 때문이다.

대웅전 부처님 법당 같은 곳은 더욱 색(色) 장엄이 잘 되어 있다. 잡귀신이나 마가 침범하지 못할 뿐더러 법당에서 엄숙하고 경건한 마음으로 일심(一心) 정성으로 기도를 하면 소원성취가 잘 이루어지는 원리가 여기에 있다.

특히 고찰 중에서 경주 불국사를 예로 들 수 있다. 불국사에 가서 계단을 올라가면 오른쪽에 다보탑이 있고, 왼쪽에 석가탑이 있다. 다보탑은 4층탑이다.

십(十)자 모양의 평면을 하고 있는 기단은 사방에 돌계단으로 돼 있고, 8각형의 탑신은 그 주위로 네모난 난간이 있다. 다보탑은 시간을 의미한다.

그런데 옆에 석가탑은 아무 조각이 없다. 아무것도 없다 하여 무영탑(無影塔)이라고도 한다. 석가탑은 공간과 육신을 의미하며, 다보탑은 정신을 상징하기도 한다. 이런 색(色) 장엄이 잘 된 절에는 우주의 기운이 좋은 곳이다.

시간은 과연 흐르는 것인가? 태어나서 젊어지고 늙어 지는 것이 흘려가는 세월 때문에 인생이 늙는다고 생각할 수도 있겠지만, 사실은 60조 이상의 세포와 여러 가지 몸의 변화는 물질 때문에 변하는 것이다.

이는 시간과 관계없이 변한다. 어두웠다 밝았다 하는 것은 빛의 작용 때문이고, 꽃이 피고 지는 것은 온도의 차이 때문이다. 시간은 공간처럼 조금도 움직이지 않는다. 늘 바뀌는 마음의 눈으로 겉만 보고 세상을 보면 안 된다. 잘못된 편견과 인식은 바로 고쳐야 한다. 빛에 잘못 취하면 안 된다는 것이다.

둘째, 성(聲)은 소리 장엄이다.

큰 소리만 지르고 야단 친다고 해서 상대방에게 조복을 받는 것은 아니다. 내 말은 낮추고 부드럽고 상냥하게 얘기해야 상대방 귀에 잘 들리고 감동을 준다.

진실된 말, 직접 경험하고 고생하고 겪은 말을 해야 하며, 죽은 말을 하면 안 된다.

살아 있는 말소리를 해야 하며 상대를 기쁘게 하거나 또 상대가 답답할 때 마음을 풀어 줄 수 있는 말을 해야 한다.

수긍 가는 말을 할 줄 알아야 한다.

우주는 나쁜 소리의 진동 파장과 좋은 소리의 진동 파장이 있다. 부처님 진언 다라니, 부처님 경(經) 독경 소리 같은 것은 좋은 소리 파장을 울린다.

옴, 훔, 관세음보살 육자 대명왕진언 옴 마니 반메 훔 같은 우주의 좋은 소리를 주력 수행하면 상대방에게 말을 할 때 기쁘게 들리고, 답답한 마음이 풀린다.

불제자가 바른 자세(가부좌, 반가부좌)로 앉아서 독경할 때 내 몸에 나쁜 탁기, 썩은 산소를 몰아내고, 공기 중 좋은 입자가 호흡을 통해서 들어오면 기(氣), 에너지가 살아 숨 쉬어 피를 잘 돌게 하며 건강해지고 맑은 정신을 유지하여 부처님 지혜를 얻을 수 있다.

셋째, 향기(香)다.

만약 어떤 사람이 독기를 품고 있으면 좋은 향기가 없고 접근조차 하기가 싫어진다. 자기 마음이 편하고 안정된 사람은 누가 봐도 화가 풀어지고, 좋은 향이 풍긴다.

사람도 그 사람의 직업, 지어온 업장에 따라서 향이 다 각각 다르다. 짐승도 마찬가지다. 쓴 향기가 나는 것은 네 발 가진 동물인 것이다.

남자의 향기, 여자의 향기는 제각기 다르다. 공자께서도 절벽바위 틈에서 난초의 아름다운 향기를 맡고 고행을 결심하시고 주류천하를 했다고 한다. 난행고행을 해야 큰 열매를 맺고 좋은 향도 내는 법이다. 화장품이나 향수 같은 인공적인 향 말고 진정으로 수행한 자신의 공덕 향이 나길 바란다.

맹세의 도리

"홍서심여해(弘誓深如海), 역겁불사의(歷劫 不思議)."

한 번 큰 맹세를 했으면 큰 바다와 같이 깊게 하고, 지나온 겁이 앞으로 수 천 만년이 지나도 변함없이 그 맹세를 포기하지 말라는 뜻이다.

예를 들어 불도를 닦겠다든지 친구 간 우정이나, 부부 · 자식 간 도리를 다 하겠다고 큰 맹세를 했다면 그 약속은 반드시 지켜야 된다는 의미다.

일반적으로 아침저녁으로 먹은 마음이 그때그때 달라지는 게 평범한 사람들의 삶이다. 하지만 이는 우리 소원이 이루어질 수 없는 원인이 된다.

한 번 뜻을 세우고 억만년이 지나도 변하지 않고 무슨 일이든 노력하면 이루지 못할 일, 소원성취 안 될 일이 없다는 것이다.

중생들이 큰 맹세를 수 천 년은 커녕 단 삼 일도 못 가는 이유는 바로 마음의 변덕 때문이다.

마음에 때가 끼여 번뇌망상으로 가득하니 한결같은 마음을 유지하기가 힘들다. 자기가 먼저 살려고 자기중심적으로 생각하면 큰 맹세와 서원을 일심(一心)으로 유지하지 못하는 법이다.

어쨌든 저 바다를 보고 교훈을 얻어야 한다. 바다의 표면은 바람에 출렁거려도 깊은 바다 속은 미동도 없는 것을 보라. 제일 낮은 곳에 있으면서도 오염된 폐수물까지 다 수용하고 정화하며 천년 만년 가도 언제나 변치 않는 큰 맹세를 바다와 같이 깊이하라는 비유다.

바다의 응답(應答)은 바로 소금의 결정체다.

바다 '해(海)'자는 물수(氵)변에 사람인 어머니 모(母)로 되어 있다. 사람이 어머니 노릇을 할 수 있게 하는 것이 바로 노력과 땀이다.

우리가 열심히 일을 하고 노력해서 땀을 흘리면 시방(十方)의 기운이 같이 움직이게 된다.

즉 땀을 흘리는 사람의 노력하는 기운에 따라서 지구 전체에서 어떤 힘이든 움직이게 된다.

거기에서 나오는 땀의 기운이 시방에 가득 차는 것이다. 땀이 나면서 전체 수분이 시방으로 통하게 되는데 거기서 그 사람이 뭐를 했느냐에 따라서 열매가 달리 열리는 것이다.

자기가 노력하지 않고 스스로 땀을 흘려 보지 않고 남의 말만 듣고 하는 사람은 번번이 실수를 하게 되어 있다. 바로 땀의 원리 때문이다.

사람이 살아가는 데는 무엇보다도 신의를 지키고 서로 화합하는 것이 가장 중요하다. 화합 없이는 힘이 생기지 않는다. 뭐든지 화합할 줄 아는 사람이라야 큰 힘을 얻는다.

인생은 자기 사명을 다 하는 것이다. 부처님이 우리에게 무한한 복덕으로 수시로 한 없이 복비를 내려주시면, 자기 인생은 그릇만큼 받는다.

우리는 많은 복을 받기를 원하면서도 자기 그릇이 적은 탓에 적게 받으면서도 많이 받는 사람을 원망하고 또 세상을, 부처님을 원망하는 경우가 있다. 세상은 평등하다. 모든 것은 다 자기 탓이니 마음의 그릇, 지혜의 그릇을 키워야 할 것이다. 이를 자업자득(自業自得)이라 한다.

수행(修行)은 어떻게 해야 하나

　부처님께서는 야장장이들의 작업 과정을 수행의 과정에 비유해 설명하셨다.

　수행은 야장장이들이 금을 제련하는 것과 같이 해야 한다. 금을 제련하는 것을 보면 이렇다. 먼저 흙과 모래를 통에 넣고 물에 일면 큰 불순물과 흙이 떨어져 나간다. 다시 물을 부어 흔들면 굵은 모래도 떨어져 나가고 금이 붙은 돌이 드러난다. 그래도 금이 붙은 돌에 불순물이 붙어 있으면 다시 물로 일어 금덩이만 남긴다.
　그 다음에는 용광로에 넣어 금을 녹여낸다. 그리고 다시 한번 풀무질을 하여 금을 녹이면 그제서야 가볍고 부드러운 생금이 만들어진다. 이렇게 만들어진 생금은 광택이 나고, 굽히거나 펴도 끊어지지 않는다.

　사람들이 이것을 귀걸이와 팔찌 같은 장식품으로 만들어 가치를 인정받는다. 이와 마찬가지로 우리 수행자도 금을 제련해서 8K, 12K, 24K 등을 거쳐 순수한 100% 금이 될 때까지 수행해야 한다.
　일반 소금이 죽염이 될 때까지는 섭씨 1000도 이상 고열에서 9번 정도 구워져 정제되어야 좋은 소금이 되듯이 수행자는 번뇌의 결박과 그릇된 소견을 먼저 끊어야 한다. 다음에는 굵은 때나 다름없는 삼독(탐, 진, 치)을 버리고, 어리석은 중생의 습 또는 어느 대학 나왔니, 어느 집안 가문이니 하는 자만과 교만한 생각마저 버려야 한다.

수행자는 오욕칠정을 잘 다스려야 하며 3조법, 팔정도, 육바라밀과 같은 수행을 통하여 바른 삼매를 얻게 되는 것이다. 마치 저 생금과 같이 수행자는 하늘처럼 소중히 여기는 재산(富) 소유는 물론 가족, 처자식 그리고 자기의 생명까지도 소중히 여기지 않아야 한다.

'나(我)'라는 욕심을 죽을 각오로 버려야 한다. 일반적인 지식과 그동안 알고 있던 상식을 벗어나서 바보가 되어야 한다. 그래야 불도세계(佛道世界)를 접할 수 있다(證智所知非餘境).

돈오돈수(頓悟頓修)와 돈오점수(頓悟漸修)를 한번 얘기하고 넘어가자. 돈오돈수란 어느 순간 문득 깨닫게 되면 그것으로 수행이 완결되는 것이며, 돈오점수란 깨달음을 얻은 뒤에도 점차적인 수행을 해야 한다는 뜻이다.

돈오돈수를 수행하는 측은 어두운 방에 촛불을 켰을 때 촛불을 밝히면 어둠이란 한 순간에 없어지는 것이지 서서히 없어지는 것이 아니듯이 깨달음을 성취하면 무명이 사라졌으므로 더 이상 닦을 것이 없다는 주장이다.

이에 비해 돈오점수 수행을 주장하는 측은 아무리 촛불이 어둠을 몰아냈다고 하더라도 방안에 있는 먼지까지 사라진 것은 아니라는 주장이다. 먼지를 없애는 것은 촛불이 아니라 걸레라는 것이다. 수행은 걸레로 먼지를 닦아내는 일이므로 깨달은 뒤에도 계속 수행을 해야 한다는 주장이다.

그러나 이 두 주장은 출발점에서 한 가지 차이가 있다. 돈오돈수는 인식론에 근거를 둔 것이고 돈오점수는 존재론에 근거를 둔 것이다.

아무튼 수행에는 '과정'이 필요하다는 것이다. 우리 인생도 한번 왔다가는 것이 아니니 만큼 업식도 두터울 것이다.

해마다 백중일이면 천도재를 지내는데 한 번 천도재를 지냈다고 더 이상 안 지내면 안 된다. 그 조상이 구궁의 집을 다 짓고 영적 진화를 다 성불할 때까지 수행하고 천도재를 지내야 한다.

삼일수심천재보(三日修心千載寶), 백년탐물일조진(百年貪物一朝塵)이라고 했다.

삼칠일 기도(祈禱)와 소원성취

사람은 누구나 소원이 있고 그것을 성취하고자 한다. 어떻게 해야 현세의 소원을 성취하고, 또 후세의 소원을 성취할 수 있을까? 그것은 오직 한 가지 방법 뿐이다. 게으르지 않는 것이다.

누구나 방일(放逸)하지 않고 부지런하면 현세의 소원과 후세의 소원을 성취할 수 있다. 게으르고 성실하지 않은데 신이나 부처님인들 무슨 방법이 있겠는가.

기도와 불공을 드리는 것도 다 부지런하고 정성을 다해야 소원을 이룰 수 있고 응답을 받을 수 있다. 부처님께서는 임종에 이르러서도 유훈을 남기셨다.

"모든 것은 무상하다. 게으르지 말고 정진하라."

불교 공부를 하는 이유는 내 몸과 마음을 자유롭게 하기 위해, 탐·진·치 삼독을 극복해 열반을 얻는 데 있다(安心立明). 기도란 마음을 비운다는 뜻인데, 마음속의 번뇌 망상을 모두 비워 공(空)하게 만들기 위하여 기도하며, 잘못된 생활습관이나 중생심 때문에 부처님의 생활지혜가 없는 것을 있게 하고 마음자리 하나 바꾸어 부처님 품으로 가기 위해 기도해야 한다.

각자 개인의 욕심으로 기도하면 절대 안 되고 이뤄지지 않는다. 모든 것을 무심으로 해야 한다. 사람이 살아가는 데는 우리가 매일 달력에 있듯이 일(日)·월(月)·화(火)·수(水)·목(木)·금(金)·토(土) 일주일마다 변화가 온다.

산모가 애기를 낳아도 일주일 씩 삼칠일(三七日)을 송침을 하고 삼칠일이 지나서야 사람들을 들어오게 한다. 모든 잡귀가 끼지 못하게 조심하는 것이다.

이 세상도 일주일이 지날 때마다 할 일이 생긴다. 나이 드신 노인들도 일주일이 지나면 머리카락이 하나씩 더 센다. 하늘에도 북두칠성 칠보(七寶)가 있고, 보이지 않는 땅에도 금·은·유리·차거·마노·호박·진주·칠보가 있고, 공간에도 7색 칠보가 있으며, 우리 인간에게도 목 뼈 7개 칠보와 귀, 눈, 코, 배꼽, 생식기, 입, 항문 칠보와 인체의 육부와 삼초를 합한 것이 칠보를 의미한다.

기도를 해도 하늘, 공간, 땅에 칠보의 기운을 받아야 하고 또 채워야 한다. 우주의 변화가 삼칠일 기도를 해야 변화가 오는 원리다. 그래야만 우리 몸과 생활에 변화가 오는 것이다. 삼칠보 기운이 완성돼야 소원이 이뤄진다. 그래서 스물 하루 기도를 해야 한다.

사람도 때가 되어야 탄생하듯이 기도도 때가 되어야 응답이 온다. 금방 하루 이틀 기도 했다고 금방 응답이 오지 않는다. 하늘의 칠보 공간, 땅, 인간의 칠보가 완성될 때 기도의 응답이 절실히 오게 된다.

원래 사람이 살아가는데 있어서도 중앙(中央)에서 할 일이 있고 동쪽, 서쪽, 남쪽, 북쪽에서 자기가 할 일이 따로 있다. 오방(五方) 기운을 받아야만 자기 할 일, 소원성취기도가 이루어진다.

부처님께서도 보리수 아래에서 선(禪)을 한 이유는 보리수 나무의 열매가 맺을 때 잎과 가지, 뿌리, 줄기 또 사이사이 어느 곳도 열매를 맺지 않는 곳이 없는 인도의 상징적인 나무이기 때문이다.

바로 사방과 중앙의 우주의 힘이 내려와서 선의 열매가 맺힌 것이다. 즉 오방의 힘과 하늘, 땅, 공간의 힘을 다 받아서 칠보(七寶)가 완성된 것이다. 어떤 소원을 이루기 위해서는 삼칠일 기도를 해야 한다는 것을 강조하고 싶다.

소원성취하는 비법은 돋보기 렌즈와 비교해서 설명할 수 있다.

우리가 어린 시절 돋보기 렌즈에 태양광선을 하나의 초점으로 모아서 검은 종이를 불붙여 태운 적이 있을 것이다.

돋보기 렌즈에 햇빛을 한 점으로 모아야만 종이에 불이 붙을 수 있는 것이지 돋보기 렌즈의 초점을 여기에 놓았다가 저기에 놓고 하는 식으로 돋보기 렌즈의 초점을 계속 옮겨놓으면 열기의 흔적만 남을 뿐 종이에는 결코 불이 붙지 않을 것이다.

하루종일 돋보기 렌즈를 들고 있다고 하더라도 결코 종이에는 불이 붙지 않는다. 여러분의 마음이 바로 소원과 소망을 이루어 주는 돋보기 렌즈이다.

참회(慘悔)

참(慘)이란 지나간 허물을 뉘우치는 것으로 이전의 나쁜 말이나 행동, 교만하고 허황한 것, 시기 질투하는 것 따위의 죄를 다 뉘우쳐서 영원히 다시 일어나지 않도록 하는 것이다.

회(悔)란 미래에 오기 쉬운 허물을 미리 조심하여 나쁜 짓이나 교만, 허황됨, 시기, 질투 따위의 죄를 미리 깨닫고 모두 영원히 끊어서 두 번 다시는 짓지 않도록 하는 것이다.

따라서 참회(慘悔)란 무시이래(無始以來) 지은 죄업을 닦는 것이다.

지난 과거가 아무리 부끄럽다 해도, 지난 과거가 아무리 불행했다 해도 그 과거에 매달려 살 필요는 없다.

세상에서 가장 어리석은 사람은 과거의 인과에 매달려 사는 사람이다.

왕년에 한번쯤 잘 나가지 않은 사람이 이 세상에 어디 있겠는가. 현명한 사람은 과거의 잘못과 불행, 부끄러운 행위를 발판 삼아 두 번 다시 그 전철을 밟지 않도록 노력해야 하는 것이다.

진실한 참회란 자신이 저지른 잘못을 뉘우치는데 있는 것이 아니라 뉘우침 뒤에 반드시 재발하지 않는 다짐이 필요하다. 잘못된 경험은 한번으로 족하다.

반드시 잘못했을 때만 참회하는 것은 아니다. 지장 보살님이 일체

지옥중생을 다 제도해 성불하는 그날까지 기도하는 것처럼 시시비비(是是非非)를 따지지 말고 참회를 먼저 하는 것이 좋다.

좋은 음식을 먹으려면 그릇을 먼저 깨끗이 닦는 것처럼 참회부터 먼저 해라. 그리고 하루 일과를 참회일지에 꼭 써서 매일매일 업장을 소멸해라.

고통의 이유
— 네 가지 삶의 강령(四聖諦)

사성제는 불교의 인생관이다. 인생이란 고(苦)인데, 그 고는 무엇이며 그 원인은 무엇인가. 또 고가 없는 이상적인 상태는 어떠하며, 그 이상적 상태에 이르려면 어떻게 해야 하는가를 4단계로 나누어 설명하고 있다. 이는 부처님께서 중생들의 고통과 번뇌를 치유하기 위한 원리이며 마치 의사가 육신의 병을 치료하는 원리와 같은 것이다.

① 고성제(苦聖諦)−괴로움(苦)

의사가 환자의 병을 진단하듯 중생이 고통의 병에 빠져 있는 것을 진단하는 것이다.

고에는 4고와 8고가 있는데, 4고란 생로병사(生老病死)를 말한다. 여기에 사랑하는 사람과 이별하는 고통(愛別離苦), 미워하는 사람과 만나는 고통(怨憎會苦), 구하는 것을 얻지 못하는 고통(求不得苦), 온갖 욕망이 끊이지 않는 고통이나 불안의 개념(五陰盛苦)을 더하면 8고다.

고성제(苦聖諦)에서는 인생이 왜 '고' 인가 하는 것을 설명하고 있다.

고는 일반적으로 괴로움, 고통, 슬픔 등으로 이해하고 있지만, 사실은 이것보다 더 넓은 의미로 불완전, 무상, 무아, 공(空) 같은 것도 '고'에 해당된다.

성질상으로 설명하면 고고(苦苦)란 추위, 배고픔, 부상당했을 때 느끼게 되는 고통이다. 원래부터 괴로움의 조건에서 생기는 게 '고'이다.

괴고(壞苦)는 애착을 가지고 있는 대상이 파괴될 때 느끼게 되는 괴로움을 말한다.

행고(行苦)는 무상함을 조건으로 해서 느끼게 되는 괴로움이다. 무명과 집착 때문에 제행무상을 받아들이지 못하니 이 또한 고이다. 우리가 흔히 말하는 락(樂)에는 고(苦)가 함께함을 인식해야 한다.

그렇다면 인생은 왜 고통일까? 아픔, 늙음, 죽음이 무상하기 때문이다. 늙고 병들은 것이 바로 생이며 삶이기 때문이다.

② 집성제(集聖諦)-괴로움의 원인(集, 번뇌)

의사가 환자의 병의 원인이 무엇인가를 밝히듯 중생이 괴로워하는 고통의 원인을 밝힌 것이며 애욕과 탐욕·성냄·어리석음(三毒)에 집착하기 때문임을 깨닫게 하는 것이다.

집(集)은 육도윤회의 원인인 번뇌와 업으로 말미암아 다음 생의 과보를 불러 모은다는 뜻이다.

③ 멸성제(滅聖諦)-편안한 상태(滅)

환자에게 건강한 사람의 좋은 상태를 말하여 환자로 하여금 빨리 쾌유 할 수 있도록 유도하듯이 고통이 모두 없어진 청정의 세계를 보여줌으로써 중생이 해탈에 이르는 것을 돕는다.

멸이란 고통과 번뇌가 사라져 가장 고요하고 편한 상태, 곧 해탈을 의미한다.

정신적, 육체적인 모든 고(苦)가 존재하지 않는 상태이다.

④ 도성제(道聖諦)-해탈의 수단(道)

환자의 병을 치료하기 위해 약을 처방하듯이 해탈에 이르는 수단과 방법을 의미한다. 그 방법이란 바로 중도(中道)와 팔정도(八正道)로 수행해야 한다.

하루 일과가 시작되면서 눈을 뜨고, 먹고 살기 위해 치열한 경쟁의 생활(生)을 하는 자체가 고해다. 원효 스님은 '죽기가 싫거든 태어나지나 말지' 라고 하셨다.

모든 만물은 성주괴공이듯 인간의 세포는 늙는다(老). 영원한 것은 없다. 이 우주도 큰 산도 인간의 육신도 늙는다. 추운 겨울날 얼었던 강물도 봄바람이 불면 강물이 풀리듯이 늙음은 누구에게나 찾아오기 마련이다.

인간의 몸도 태어날 때는 조물주께서 완벽하게 인간을 만들었으나 우주에 역행하는 삶으로 인해 병(病)이 온다. 새 자동차가 중고차가 되면 부속품을 갈듯이 그렇게 온다.

진정한 수행자는 목숨이 끊어질 때 죽음을 잘 맞이해야 한다(死). 아무리 도가 높은 사람도 죽을 때 잘 열반할 수 있도록 해야 한다.

삼법인(三法印)

불교의 근본 교리는 삼법인(三法印)에서 찾을 수 있다. 삼법인은 3가지 불변의 진리다. 즉 인간과 사물의 실상을 말한다.

첫째, 모든 현상은 변한다. 제행무상(諸行無常)이다.

우리와 우리를 둘러싼 모든 현상은 끊임없이 흘러가고 변하여 영원한 것이 없다는 가르침이다. 변화하는 것을 깨달아 집착이나 교만심을 버리고 겸허와 동정심을 일으키게 한다. 하지만 순간적으로 흘러가 버리는 것은 시간이다.

한 번 지나간 시간은 다시 돌이킬 수 없음을 알아야 한다. 과거에 연연하지 말고 현실의 삶에 최선을 다하자는 뜻이다.

모든 것은 변한다. 일체의 사물, 인간 마음, 현상, 생멸, 변화가 영원하지 않다는 뜻이다. 시간적 판단으로 온갖 것에 대한 집착하는 중생들은 존재가 덧없음을 깨달아야 한다.

둘째, 모든 것은 실체가 없다. 제법무아(諸法無我)다.

우리와 우리를 둘러싼 모든 존재는 실체가 없다는 뜻인데, 실체란 생멸 변화를 벗어난 존재를 의미한다. 부처님께서는 범부 중생은 이 실체를 경험하고 인식할 수 없기 때문에 실체의 존재 여부를 따지고 다투는 것은 무의미하다며 금기했다.

이 가르침 또한 집착을 버리고 자비심을 발현케 하기 위한 것이다. (일체의 존재는 상관관계와 인연이 있다. 이를 공간적 우주에 존재하는 모든 법칙이란 뜻의 만유제법이라 한다. 혼자 존재하는 특별한 자아는 없다. 예를 들어 물이란 수소와 산소가 합쳐진 것이다.)

우리 보통 사람들은 나(我)라는 것이 있는 것처럼 착각을 하고 사는 것이다. 그것을 무명(無明)이라고 한다.

나란 것이 없는데 있는 것처럼 정신이 없는 것이다. 정신이 없는 것은 이미 명(明)이 없어졌기 때문이다. 눈이 멀었다는 뜻이다. 눈이 멀어서 길을 걸어가면 부딪치고 돌부리에 넘어져 다친다.

몸이라고 해도 이것은 내 몸이 아니다. 다 인연에 의해서 생긴 자연이다. 정신이라 해도 그것 또한 내 정신이 아니다. 말이니, 사상이니 하는 것도 내 것이 아니다.

무명 다음 행(行)이라 하는 것이 이 세상의 모든 잘못과 고통의 원인인 것이므로 무명을 깨어야 명(明)을 찾고 각(覺)을 얻어야 한다. 이렇게 다 보이면 누구와도 안 부딪힐 뿐더러 넘어질 이유도 없어 행복한 삶을 살 수 있다.

제법이란 우주의 도리를 말하는 것이며 무아, 순수 생명에너지이자 진여불성(眞如佛性)이다. 사실은 무아라 할 때의 나는 허무한 나이고 진짜 나는 어디에서도 주인이 될 수 있는 내가 진짜 나라는 것을 말한다. 임제 선사께서는 '수처작주 입처개진'이라 했다. 이는 모든 것에 주인이 되라는 뜻이다.

　셋째, 일체개고(一切皆苦)다. 인간의 현실은 고(苦)다. 시간적으로
는 덧없고 공간적으로는 실체가 없는 것이다.

　내 마음에 불이 붙는 데서 오는 것이 고다. 나 자신을 돌아보면 불
이 꺼졌는가. 가장 많은 불이 탐, 진, 치라는 3가지 불이다.

　탐이란 욕심이다. 재산에 대한 소유욕도 이에 속한다. 진이란 다른
사람과 사회에 대한 불편, 불만이다. 치란 남녀의 애정에서 나오는 불
이다. 가장 큰 번뇌가 이 3가지다.

　그래서 사람은 누구나 다 삼계화택(三界火宅)에서 살고 있다고 한다.

　넷째, 번뇌의 불이 꺼진 고요한 상태, 열반적정(涅槃寂靜), 즉 니르
바나(nirvana)다.

　모든 존재의 현상이 영원한 것이 없고 실체가 없어 공허하고 얻을
수 없으나 깨달음의 진리 세계는 일체 대립을 초월하여 실상 그대로
의 청정함만 있다는 의미이다.

　인간이 추구하는 행복은 주·객관적으로 무상하고 무아라는 사실
을 알아 행복·열반·욕망의 불길이 꺼져 고(苦)가 없어진 상태다.

팔정도(八正道)

여덟 가지 바른길(八正道)이 있다.

첫째, 바른 견해(正見)다.

모든 사물을 바로 보고 올바르게 판단하는 것, 선입견을 버리고 색안경을 벗고 견해의 편견을 떠난 정화(淨化)를 말한다. 일체의 존재에 관해 바르게 관찰하고, 바른 눈으로 모든 법(諸法)의 실상(實想)을 보는 것이다. 참된 나를 바로 보는 의미다. 풀어보면 사성제 도리를 바로 보는 것, 인연을 잘 관찰하여 공(空)을 바르게 아는 것이다.

둘째, 바른 사유(正思惟)다.

바르게 생각하고 정확하게 판단하는 정신상태, 탐·진·치 없는 판단, 번뇌에 얽매임이 없이 밝은 지혜로 바른 생각과 의식을 가지는 것이다.

정견과 정사유는 지혜(智慧)에 관한 것이다.

어리석음(癡)을 없애고 진리를 터득해 올바른 생각을 해야 그 다음 행동도 올바르게 이루어 질 수 있다. 바른 생각인 자비희사(慈悲喜捨)의 부처님 같은 마음으로 생각하라.

셋째, 바른 언어(正語)다.

바른 언어로 진리를 추구해야 한다. 언어생활을 정화해서 삿된말을 하지 말고 진실하고 고운 언어로 책임 있는 말을 해야 한다. 화합하는 말, 유익한 말, 상대방 입장을 배려하는 말을 해야 한다.

남을 흉보는 말이나 헛된 소리나 업보를 짓는 도리에 어긋나는 말, 그리고 욕이나 이간질, 거짓말을 하면 안 된다. 이는 묵언수행의 의미다.

넷째, 바른 몸가짐(正業)이다.

생명을 존중하고 베푸는(布施行) 선행을 말한다. 또한 신(身)·구(口)·의(意) 삼업을 정화하는 것이다. 삼업에는 10가지 업(十惡業)이 있다.

십악업(十惡業)은 신업(身業: 몸으로 짓는 업)으로 살생(殺生)·투도(偸盜: 물건을 훔치는 것)·사음(邪淫: 삿된 음행), 구업(口業: 입으로 짓는 업)으로 망어(妄語: 이치에 맞지 않는 말)·기어(綺語: 비단결 같은 말, 아첨하는 말)·양설(兩舌: 이간질 하는 말, 거짓말)·악구(惡口: 나쁜 욕설, 남을 괴롭히는 말), 의업(意業: 뜻으로 짓는 업)으로 탐심(貪心: 탐욕을 갖는 마음), 진심(嗔心: 분노), 치심(癡心: 어리석음)을 말한다.

천지만물(天地萬物)이 업(業)을 따라 살다가 올 것은 오고 갈 것은 가고 삼계사생육도(三界四生六道)가 공생공존(共生共存)하며 일체(一體)는 융화(融和)요 만법은 평등(平等)이다.

다섯째, 바른 사회생활(正命)이다.

올바르고 성실하며 공명정대한 방법으로 의식주를 구해야 하며, 요행과 부정한 방법으로 살려는 생활태도를 버리고, 정당한 직업에 종사하며 당당하게 살아가는 태도를 말한다. 수행자는 걸식하여 감사한 마음으로 받는다.

건강을 위해서 적당한 음식, 수면, 옷, 집 등을 검소하고 무소유(無所有)로 산다. 정어(正語), 정업(正業), 정명(正命) 등 3가지는 계율에 관한 것이다.

또한 정명은 바른 직업관을 말한다. 중생을 해롭게 하는 직업인 주류업, 도살업, 사냥업, 마약 등을 피하며 자기 소질, 자기 계발 시대에 맞게 직업을 선택해야 한다.

여섯째, 바른 노력(正精進)이다.

과격하거나 극단에 치우지지 않고 고요한 마음으로 진리에 맞게 최선을 다하는 노력을 하며, 악(惡)을 방지하고 선(善)을 실천하며 부처님 불법(佛法)을 용맹정진한다. 정정진은 고통의 수행이 아닌 기쁨의 수행으로 이상을 향해 꾸준히 노력하는 것을 의미하며 성불에 목적이 있다.

일곱째, 바른 의식(正念)이다.

흐트러지기 쉬운 마음을 항상 살펴 바른 견해를 늘 염두에 두고 잊지 않으며 지켜 가는 것을 의미한다. 몸과 마음의 진리를 바로 관찰하며, 탐욕에서 일어나는 번뇌를 없애야 한다.

여덟째, 정신의 통일(正定)이다.

바른 선정으로 정신통일을 이루어 어떠한 환경에 처하더라도 마음에 동요가 없어야 하며, 정신통일이 이루어지면 우리는 어떠한 사태에 임하더라도 올바르게 살 수 있는 판단과 지혜를 얻을 수 있다.

이러한 상태에 도달하면 어떠한 어려움도 능히 이겨낼 수 있는 신념과 용기가 나타나게 되는 것이다. 따라서 늘 마음을 고요한 상태로 유지해야 한다. 정정진(正精進), 정념(正念), 정정(正定) 이 3가지는 선정(禪定)에 관한 것이다.

육바라밀

대승불교 보살 수행의 실천적 원리로서 우리는 보시, 지계, 인욕, 정진, 선정, 지혜 바라밀 등 "육바라밀"을 들 수 있다. 또한 보살이 육바라밀의 행을 성취키 위해 수행하는 6가지 방법으로서 우리는 6사 성취라는 것을 들 수 있는데, 이는 '보시에 대한 공양', '지계에 대한 계율의 배움', '인욕에 대한 자비의 닦음', '정진에 대한 선에 힘씀', '선정에 대한 번거로움을 멀리함', '지혜에 대한 법의 즐김' 등을 이야기하고 있어, 이 각각에 대한 실천을 통해 우리는 육바라밀 수행에 그 깊이를 더 할 수 있게 된다.

이제 우리는 육바라밀에 대한 상세한 설명을 통해 그 각각의 세세한 의미성을 파악해 보자.

(1) 보시바라밀

'단' 또는 '단나' 바라밀이라고 음역되며, '보시바라밀'이라 번역한다. 보시란 자신의 것을 남에게 주는 것으로 《금강경》에 "보살은 마땅히 법에 머뭄이 없이 보시할 지니 소위 색, 성, 향, 미, 촉, 법에 머무는 바 없이 베풀어 주어야 한다."고 하였다.

자신의 공덕과 대가를 바라고 남에게 주는 것이 아닌, 아무런 대가와 조건 없이 하는 행위를 무주상보시라 한다. 보시라 함은 상민일체

(常愍一切) 자비심으로 남에게 조건 없이 법과 재물을 나누어 주는 것을 말한다. 재물과 진리를 몰라도 성심을 다하여 남에게 베풀어 주면 된다. 우리의 일상생활 중 버스, 전철 속에서도 자리를 양보하고 길을 몰라 묻는 사람에게 친절을 베푸는 것도 일종의 보시다. 끼니를 굶는 사람과 가난하고 병들은 사람을 돕는 행위도 보시다. 또 남의 슬픔이나 기쁨을 자신과 함께 하고 남에게 부드럽고 웃는 얼굴을 가지고 대하며, 남에게 진심 어린 말을 하고 부처님 말씀을 전하는 법회에 주위 사람을 데리고가 불법의 인연을 맺어주는 것 또한 보시다.

보시를 행함에 있어 세 가지 요소가 깨끗해야 한다는 것을 '삼륜청정' 이라 말한다. '보시하는 자'와 '보시 받는 자', 그리고 '보시하는 물건' 모두가 청정해야 함을 뜻한다.

그리고 보시에는 세 가지 종류가 있는데 재물보시 · 법보시 · 무외시이다.

재물보시란 자신의 물건과 재물을 남에게 아낌없이 주는 것을 말한다. 법보시는 부처님 말씀, 진리, 경전 등을 전하여 착한 마음을 자라게 하는 것을 말한다.

마지막으로 무외시란 중생들을 공포로부터 벗어나게 해주는 것을 말한다.

보시는 탐심을 제거하는 데 으뜸이다. 상에 집착하지 않는 보시를 해야 한다.

(2) 지계바라밀

계율을 잘 지키면 진심(瞋心)을 제거할 수 있다.

'시라바라밀'이라 음역되며 '지계바라밀'이라 번역된다.

불교 수행인으로서 부처님께서 제정하신 각 행위의 규범적 원리에 따라 적합한 행위의 실행을 뜻한다고 할 수 있다. 지계, 즉 계를 지킴으로써 부처님께서 제정하신 각 행위들을 규범원리에 따른 적합한 원리들을 실천하고, 우리는 온갖 악업을 멸하고 몸과 마음의 청정을 유지할 수 있다.

보통 재가신자들의 5계는 ① 불살생, ② 불투도, ③ 불사음, ④ 불망어, ⑤ 불음주 등 5가지의 금지사항이다.

다음에는 6법계와 8법계, 10계, 비구 250계와 비구니 348계가 있다.

우리는 계를 지킴으로써 불법승 삼보에 진정한 귀의를 할 수 있을 것이다.

(3) 인욕바라밀

치심을 제거할 수 있다.

'찬제바라밀'이라 음역하며 '인욕바라밀'이라고 번역된다. 인욕이란, 타인으로부터 받는 모든 박해나 고통을 잘 참고 견디며 성내지 않는 것을 말한다. 부처님 제자 중 부르나존자가 포교활동을 인내로써 하는 것처럼 또는 《법화경》 제20장 상불경보살처럼 인욕할 줄 알아야 한다. 인욕바라밀다을 수행함으로 인해서 우리는 자신의 상을 여의게 할 줄 알아야 한다.

(4) 정진바라밀

'비리야바라밀'이라 음역되며, '정진바라밀'이라 번역된다.

이는 소승불교의 수행원리인 팔정도의 항목 중 '정정진'을 대승바라밀 수행원리로 받아들인 것으로서, 심신을 가다듬고 힘써 선을 행하여 불도를 향해 나아가는 지속적인 힘을 말한다. 즉 하루하루 수행을 염불이나 독경, 참선 등 매일매일 방일하지 않고 수행해야 한다. 자기 자신이 잘 살고 육신의 안락을 위해서가 아니라 성불하는 그날까지 정진해야 한다.

(5) 선정바라밀

'선나바라밀'이라 음역되며, '선정바라밀'이라고 번역된다.

진리를 바르게 사유하며, 조용히 생각하여 마음을 한 곳에 모아 산란치 않게 함을 선정이라 하는 바, 궁극적으로는 존재의 실상을 밝혀 인간 마음속에 깃든 무지 곧 무명을 타파하고자 함을 뜻한다.

선정은 분별없는 편안한 마음의 상태로 삿되고 망령된 마음, 허영과 분별을 버리고 바다에 출렁이는 거친 파도가 잔잔하고 잠잠해질 때까지 고통의 원인이 되는 탐착심을 떨쳐버리고 어떤 세속에 유혹이나 번뇌로부터 한마음도 움직이지 않는 상태를 선정이라 한다.

(6) 지혜바라밀

'반야바라밀'이라 음역하며, '지혜바라밀'이라고 번역한다.

어리석음을 돌이켜 모든 진리를 밝게 하는 예지, 또는 일체제법을 통달하여 득과 실, 옳고 그름을 분별하는 마음의 작용을 말한다. 《대지도론》에 의하면 반야(지혜)바라밀은 실상을 비추어 아는 지혜로서, 생사의 이 언덕에서 열반의 저 언덕에로 이르는 배와 같다고 한다.

《반야심경》에도 '조견오온, 개공도일체고액'이라 하였다. 불교사상 실천적 핵심인 자비정신은 육바라밀 실천 수행을 통해서 할 수 있다.

참다운 지혜란, 깨끗한 허공, 텅빈 자리에서 끝없이 공(空)이 작용하는 자리, 우리 마음이 때 묻지 않은 본래 청정한 지혜가 가장 순수하고 맑고 실상 그대로 볼 줄 아는 능력이 지혜다.

지혜를 닦는 법은 선입견 없이 보는 것, 감정을 벗어나 볼 줄 알아야 한다. 집착 또한 없어야 한다. 생각과 번뇌가 많을수록 지혜는 생기지 않는다. 무슨 대상에 대하여 생각하지 않는 것 또한 느끼지 않는 것, 잊어버리는 것 등을 잘 수행하여 무념무상의 경지에 도달해야 한다.

육바라밀에 대한 총체적 설명을 행하는 가운데 대승불교의 수행, 즉 '바라밀의 실천'이란 또 다른 세계 속에서가 아닌 '현실 가운데 열반을 구하고자 하는 의지'임을 우리는 알 수 있다. 연기에 대한 정확한 인식 속에서 우리는 불교 사상의 실천적 핵심이라 할 수 있는 자비의 개념 역시 찾아 볼 수 있게 된다. 또한 이러한 자비의 정신은 육바라밀의 실천적 수행을 통해 그 빛을 드러내 보일 것이며, 이렇듯 자리이타의 자비 정신이 울려 터지는 가운데 우리는 '현실 사바세계

가운데 준재하는 해탈·열반의 세계의 모습을 바라 볼 수 있게 될 것이다.

생사를 버리고 열반을 획득한 사람을 아라한이라 말할 수 있을 때 '바라밀을 성취한 사람'을 우리는 '보살'이라 말할 수 있다.

십이연기법(十二緣起法)

연기(緣起)란 사물은 서로 의지해 생한다는 뜻으로 '인연(因緣)' 이라고도 한다. 이것이 일어남으로써 저것이 일어난다. 이것이 없음으로써 저것이 없고, 이것이 멸함으로써 저것이 멸한다는 뜻이다.

이러한 연기설 가운데 고뇌를 멸하여 해탈을 얻는 과정을 잘 나타낸 것이 십이연기법이다.

첫 번째, 무명(無明)이다.

악업의 원인, 무지(無知)의 뜻으로 맹목적인 상태를 의미한다. 즉 (맹목적 생존욕, 본능적 생명력, 생활의지) 사물의 도리를 바르게 알지 못하는 최초의 잘못된 일념, 무명 일념이 일체번뇌를 낳고 번뇌로 말미암아 악업을 짓고 이것이 곧 고(苦)의 결과로 나타난다.

해와 달이 없는 무명의 시절 때문에 나고 죽은 윤회의 고리의 정신작용의 가장 초기단계다. 어머니 뱃속에 들어가기 이전의 상태를 말한다.

두 번째, 행(行)이다.

몸과 말과 뜻으로 하는 모든 행동을 뜻하며 무명이 끊임없이 활동하는 상태를 의미한다. 행위, 행업의 뜻이다. 식(識)을 일으키는 움직임이다. 정신적 행위인 의업(意業), 잠재적인 무의식력이다.

셋 번째, 식(識)이다.

인식작용을 뜻하며 행위의 원동력이 된다. 선(善)과 악(惡)의 행업으로 말미암아 모태로 들어가는 처음 생각, 말과 음성을 듣고 아는 것 느낌, 어머니 뱃속에 들어갈 때의 시점이다.

넷 번째, 명색(名色)이다.

식(識)의 대상으로 육경(六境)인 색성향미촉법(色聲香味觸法)의 의식경계를 말한다. 명(名)은 정신적 작용, 색(色)은 물질적 부분, 신심(身心)이 점차 발육하는 상태를 말한다.

오관은 아직 갖추어지지 않았으나 모양으로 '저것은 무엇이다.' 하는 명칭이 이루어진다.

다섯 번째, 육입(六入)이다.

눈, 귀, 코, 혀, 몸, 의식이 출퇴하기 전 감각기관이 형성된다. 이것을 육처(處)라 한다. 즉 지각의 능력을 의미한다.

여섯 번째, 촉(觸)이다.

육경인 의식경계의 대상, 외계(外界)와 접촉하는 상태를 말한다. 2~3세 수준의 감각이 작용하고 — 자기도 모르는 외부로부터의 유혹 술(酒), 여자(女) — 접촉하는 단계다. 감정과 느낌의 세계다.

일곱 번째, 수(受)이다.

감각기관이 바깥 대상에 접촉한 다음의 결과다. 좋고 나쁘고 즐겁고 불쾌한 느낌의 상태를 의미한다. 4~5세 이상부터 받아들이며 분별하는 시기다.

여덟 번째, 애(愛)이다.

목마른 자가 물을 구하듯 즐거움을 구하고 괴로움을 피하려는 본능적인 인간의 욕망 상태를 의미한다. 진정한 사랑과 이성을 느끼는 감정이 있다.

아홉 번째, 취(取)이다.

애정과 탐착하여 취한다는 뜻으로 자기가 사랑하는 일체의 것에 대한 집착, 탐애의 마음, 아집 등(눈으로 보고 듣고 또 거른다)으로 취한다는 것이다.(돈, 애정, 욕망, 재산)

열 번째, 유(有)이다.

소유욕에 의하여 선업과 악업을 짓는 것으로 앞의 애(愛)와 취(取)의 인연에 따라 갖가지 업을 지어 과보를 초래하는 것을 말한다. (존재라는 뜻. 애(愛)와 취(取)로 말미암아 미래의 과(果)를 형성시켜 가는 현재의 생이 곧 유(有)다.) 버리지 못하고 모아둔다. 집과 같은 의미다.

열한 번째, 생(生)이다.

현재의 생에 지은 업의 결과로써 다시 다음 생을 받는 것을 말한다. (항상 지혜롭게 살아야 함.)

열두 번째, 노사(老死)이다.

생을 받은 자의 필연적인 결과이다. 늙고 죽음, 중생의 윤회는 열두 단계로 되풀이 된다. 최초의 무명일념(無名一念)으로부터 시작한다. (생사윤회의 근본무명(無明)을 끊는 것이 해탈열반이다.)

죽음은 깊은 잠과 형태가 비슷하다. 영혼은 깊은 잠 속에 있다가 다시 움직임을 시작한다. 8식에 잠재되어 있는 무명이 본능을 충족시키기 위해 인연 있는 곳을 찾아 움직이는 것이다. 업식(業識)이 있는 동안 우리는 끊임없이 윤회를 되풀이 한다. 살아있는 생전에 너무 집착하게 되면 영혼만 남게 되는 것이 아니라 바로 물질화 되는 경우가 있다. 그러므로 평소에 애, 취, 육, 업을 잘 지어야 한다.

무명이 사라지면 모든 것이 사라진다고 하였는데 무명, 즉 어리석음이 없으면 노사우비고뇌도 일어나지 않는다. 하지만 무명, 즉 세상에 본질이 없으면 모든 생명체는 존재할 수 없고 섭리가 없으며 일어남도 있을 수 없으니 십이인연법을 인간에게만 국한되는 것이 아니다. 이 세상에 존재하는 모든 생명체는 물론 삼라만상이 다 적용된다.

제 **2** 장
건강과 기공

불가 기공수련의 자세

(1) 삼성품(三性品: 태극, 무극, 황극)

- **자세** 양손을 목 뒤로 해서 깍지를 끼고 누운 자세에서 왼쪽 다리를 오른쪽 무릎 위에 올린다. 한쪽 발은 용천으로부터 지기를 받고, 한쪽 발은 용천으로 탁기를 몰아낸다.

- **효능** 탁기를 몰아내고 혈맥이 뚫린다. 고관절 척추 교정, 생기 유통에 좋다.

13가지 심법: 관(觀) · 연(烟) · 기(氣) · 산(山) · 물(水) · 공(空) · 양(陽) · 연(緣) · 무(無) · 도(道) · 선(禪) · 연(然) · 모(母)

(2) 법성품(法性品: 대우주 진기 정기신합)

● **자세** 평좌 또는 반가부좌 자세를 취하고 혀는 반드시 입천장에 대
　　　고 눈은 감는다.(무슨 형태나 영체가 보이면 눈을 뜬다.) 온몸
　　　에 힘을 빼고 호흡은 자연스러운 우주호흡을 하면 된다.

● **효능** 음양오행의 조화, 오장육부 기능을 강화시킨다. 특히 위장
　　　기능 강화와 신장 기능 증강, 백회개혈한다. 정신이 맑아지
　　　고 심신이 안정되며 원기보충, 에너지 재충전 기능이 탁월
　　　하다. 시간은 최소 50분 정도, 2시간 이상 할 수 있도록 해
　　　야 한다.(100일 정도)

(3) 관성품(觀性品: 노젓기)

- **자세** 양손을 모은 다음 앞으로 쭉 내밀어 탁기를 몰아내고 다시 합친다.

- **효능** 나쁜 탁기를 몰아내고 마음을 넓게 한다. 우울증, 화병, 스트레스의 해소에 좋다. 또한 심폐기능 강화, 마음의 상처를 다스리는데 탁월하다.

(4) 도연성품(道然性品: 神門 여는 비법)

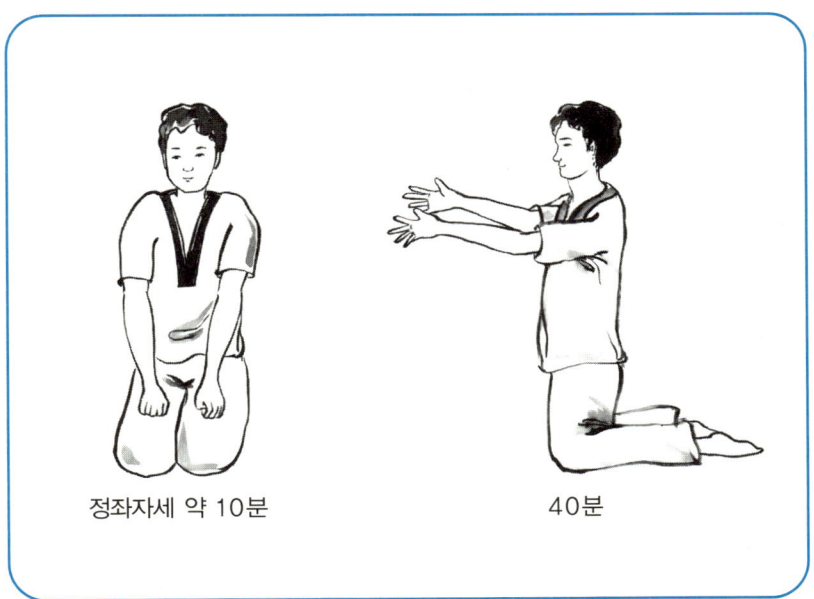

정좌자세 약 10분   40분

- **자세** 허리를 바르게 펴고 양손에 기감을 느끼며 밀고 당긴다.

- **효능** 척추교정, 허리강화, 기 감각이 좋아진다. 정신집중, 심장
  기능, 신장 기력회복에 효과가 있다.

(5) 와식(臥息)

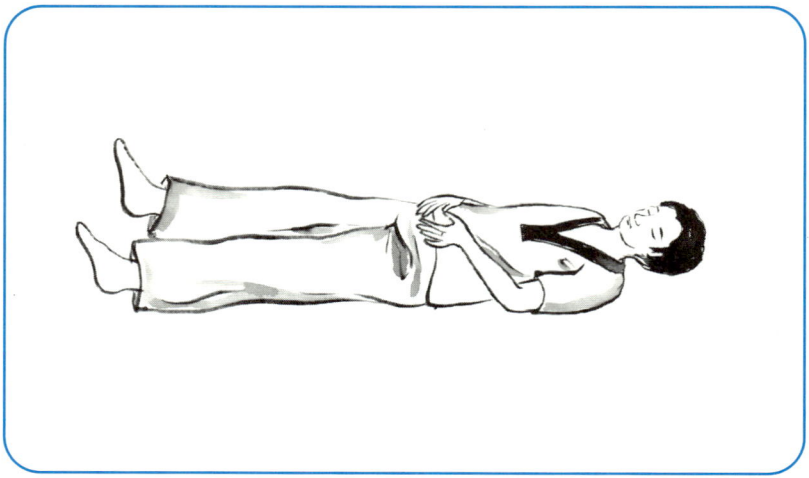

- **자세** 편안하게 누운 자세에서 양손을 배꼽 위에 포갠다. 심법은
  단전과 용천을 생각한다.

- **효능** 부족한 에너지를 채워주며 단전에 기를 축적, 머리가 맑아
  지고, 심신을 안정시킨다.

(6) 사방진(四方陳) · 평진 · 칠성진

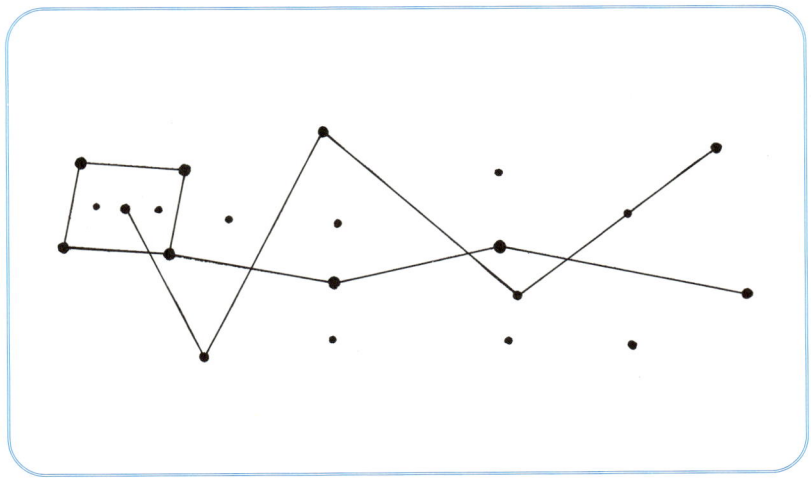

　진(陳)이란 일종의 보호망이라고 할 수 있다. 수행자들이 깊은 산속에서 참선기도를 할 때 나쁜 잡귀, 사귀 등이 침범하지 못하도록 하는 비법을 말한다. 영가 천도할 때 영가 장애를 안 받도록 진을 치고 하는 비법이다.

(7) 태초의 마음의 문, 숨소리 공결

다음의 주문을 외우면 정신이 맑아지고 건강에 좋다.

인, 궁, 상, 진, 환, 움, 보, 무, 선, 옴

이는 어머니 모태의 식자공결(識字公決). 인간의 시월 태음을 혼합하여 음으로 통하고 문자로 성하고 표현한 인간과 하늘의 유전 비밀 암호다.

하늘의 생명과 어머니의 생명을 조화시키고 성과 명을 화합하게 하여 인간의 잠재능력을 발현케 하는 무궁무진한 에너지원이다.

오행성질도

오행성질도는 동양사상의 기본 원리인 목·화·토·금·수의 성격과 특징을 설명하는 것이다.

오행은 다섯가지의 향과 다섯 가지의 맛과 다섯 가지의 소리가 있다. 이는 각각 다음의 특색이 있다.

오향(五香)은 냄새를 오행으로 구별한 것이다. 누린내(臊)는 木, 단(타는) 내(焦)는 火, 향기(香)는 土에 해당하며, 방향성(芳香性) 식품은 식욕을 돋우어 소화력을 증진시킨다.

비린내(腥)를 좋아하거나 비린내를 풍기는 사람이 있다. 이는 金에 해당되는 냄새이다. 쇠는 본래 쇠 비린내가 나게 마련이다. 퀴퀴한 냄새가 나거나 썩은 내(腐)가 나는 것은 水에 해당된다. 이러한 냄새는 환자 자신에게서 풍기는 경우도 있지만 본인이 늘 그런 냄새에 민감한 경우도 있다.

오미(五味)는 모든 음식물은 맛의 감각이 다섯 가지로 나뉘어지는 것을 말한다. 신(酸)것은 木, 쓴(苦)것은 火, 단(甘)것은 土, 매운(辛)것은 金, 짠(鹽)것은 水에 해당된다.

오성(五聲)은 인간의 목소리로 다섯 가지로 구분된다. 木은 각(角)으로 목소리가 크고 우렁차고 거칠면서 목성을 가졌다고 한다. 음계로는 '미', 소고의 소리다. 火는 치(徵)로 허탈한 웃음이 많거나 잘 웃어가며 말하는 사람의 목소리이다. 화성 음계로는 '솔', 쾡과리소리다. 土는 궁(宮)으로 항상 흥얼거리거나 군소리가 많은 사람의 소리이다. 토성 음계로는 '도', 북소리이다. 金은 상(商)으로 슬픈 음색을 가지고 울음 석인 말을 하는 사람의 목소리이다. 금성 음계로는 '레', 징소리다. 水는 우(羽)로 나직하고 신음하듯 조용한 음색의 목소리이다. 수성 음계는 '라', 장고소리이다.

오행성질도(五行性質圖)

	금(金)	목(木)	수(水)	화(火)	토(土)
천간(天干)	庚(경)辛(신)	甲(갑)乙(을)	壬(임)癸(계)	丙(병)丁(정)	戊(무)己(기)
지지(地支)	申(신)酉(유)	寅(인)卯(묘)	子(자)亥(해)	午(오)巳(사)	辰戌(진술)丑未(축미)
방위(方位)	서(西)	동(東)	북(北)	남(南)	중앙(中央)
일기(日氣)	저녁(夕)	아침(朝)	밤(夜)	낮(晝)	정오(正午)
계절(季節)	가을(秋)	봄(春)	겨울(冬)	여름(夏)	사계(四季) 3,6,9,12월
색채(色彩)	흰색(白)	푸른색(靑)	검은색(黑)	붉은색(赤)	누른색(黃)
맛(味)	매운맛(辛)	신맛(酸)	짠맛(鹽)	쓴맛(苦)	단맛(甘)
기상(氣象)	뇌성(雷聲)	바람(風)	비(雨)	청명(淸明)	흐림(雲)
감정(感情)	서러움(哀)	노여움(怒)	두려움(恐)	즐거움(喜)	편안함(安)
성질(性質)	정의(義)	어짊(仁)	지혜(智)	예절(禮)	믿음(信)
동물	백호(白虎)	청룡(靑龍)	현무(玄武)	주작(朱雀)	
우주숫자해석	4와 9 완성, 결속 (끊음, 맺음) 사부대중, 구궁	3과 8 생명, 양기 삼승, 8상	1과 6 원극, 진리 조화창조 우주하나, 육도윤회	2와 7 수렴, 소멸 분산재생 음, 양, 칠보	5와 10 응축, 폭발
기운	감추는 힘 緊	미는 힘, 시작의미 緩	버리는 힘, 막는 힘 軟	끌어당기는 힘, 부활, 재생 散	받아들임 固
	자손복 자녀번성	양욕 건강, 번영	구상, 건강 사업성공	명성, 재운	

호흡법

(1) 호흡(呼吸)의 작용

① 호기(呼氣): 내장(內腸)의 긴장 상태를 해소하고, 탁기(濁氣)의 제거, 안달이 나는 등의 실증(實症)을 제거하는 데 좋다.

② 흡기(吸氣): 혈압이 상승이나 방광운동을 억제한다. 기혈(氣血)을 떨쳐 일으키고 정력(精力)을 강하게 하므로 기운이 없다. 체력이 약하다 등의 허증(虛症)에 좋다.

③ 단호흡(短呼吸): 흥분작용이 있으므로 으슬으슬하다, 냉하다 등의 한증(寒症)에 좋다.

④ 장호흡(長呼吸): 진정작용이 있으므로 자꾸 안달이 난다, 덥다는 등의 열증(熱症)에 좋다.

(2) 감정변화(感情變化)에 따른 기(氣)의 상태(狀態)

① 노즉기상(怒則氣上) → 성내면 기가 올라가 버리고

② 비즉기소(悲則氣消) → 슬퍼하면 기는 사라져 버린다.

③ 공즉기하(恐則氣下) → 무서워하면 기는 극도로 내려가고,

④ 노즉기모(勞則氣耗) → 지치면 기는 소모된다.

⑤ 사즉기절(思則氣絕) → 생각하면 기는 막혀 나갈 때가 없다.

(3) 오행(五行)과 인체(人體)

五 行	五 臟	六 賦	五 官	五 志
木	肝	膀	目	怒(성냄)
火	心	小腸	命門	喜(기쁨)
土	脾	胃	口	思(생각)
金	肺	大腸	鼻	憂(근심), 悲(슬픔)
水	腎	膀胱	耳	恐(공포), 驚(놀램)

* 기공혈맥술(氣功穴脈術) 수련 중 나타나는 현상

– 평소 아팠던 인체 부위가 일시적으로 더 아파온다(명현, 호전 반응).

– 강력한 에너지가 인체의 각 세포 조직에 투입되므로 몸 신체에 열꽃이 피기도 한다.

– 속이 울렁거리거나 머리가 띵하기도 하며 각종 냄새가 나기도 한다.

– 뜨거운 열감을 느끼거나 서늘하고 찬 기운이 들기도 한다.

– 무거운 느낌이 들거나 끌어당기는 힘이 느껴지기도 한다.

– 눈물이나 콧물이 나오기도 하며 아픈 부위가 시원하다.

– 몸이 앞뒤, 좌우로 움직인다.

– 눈에 어떤 현상이 나타나며 빛이나 색깔 등이 나타난다.

기공혈맥술이란 척추 이상에서 오는 신경장애를 몸의 기혈을 소통시키고 인체 기혈의 부조화를 바로 잡아서 내부 장기의 기능을 강화시키고 틀어진 척추를 바로 잡아주는 기공법이다.

정단전호흡(하단전호흡)

(1) 1지 1식

① 자세: 반가부좌 또는 결가부좌로 조용히 앉는다(허리, 얼굴 모두 90도로 똑바로 앉는다). 남자는 오른손 엄지 손가락 둘째 마디가 배꼽을 살짝 누르고 왼손이 오른손 손등에 포개어 덮는다. 여자는 그 반대로 한다. 머리, 어깨, 양팔에 힘을 빼고 손과 몸에도 힘을 완전히 빼고 근육을 이완시킨다. 그런 다음에 호흡을 시작한다.

② 행법(行法): 단전(아랫배)에 힘을 넣어서 들어 마시는 숨에서 단전이 불룩 나오도록 힘을 쓴다. 토하는 숨을 길게 하면서 바닥까지 또 하면서 끝까지 토하면서 소리 있게 토 하면서 고르게 토 하면서 단전을 꼬리뼈 쪽으로 밀어 붙인다.(토식, 들식 준비 호흡을 3~4번 한다.)

* 사람의 모든 기는 사람의 마음과 정신을 통한다.

(토식: 6초, 들식: 4초)

　사람 마음에는 욕심이 있어서 심장에 열을 받게 되므로 토하는 숨이 약 2초 정도 길어야 한다. 항상 명심하라! 들이쉬는 숨이 길면 심장에 열이 생기고 상기 한다. 토하는 숨이 길면 들숨이 좋아지고 들숨이 길면 토숨이 나빠진다. 단전호흡의 묘는 토하는 숨이 길어야 된다. 사람은 토하는 숨이 길어야 심장이 편하고 머리에 열이 내린다. 이것은 대단히 중요한 것이니 항상 잊지 말아야 한다.

　들숨이 길면 반드시 이 원인으로 가슴의 중흥혈이 막히고 심장에 열을 받아 머리 상층부에 기가 올라가서 상기병, 상열병이 된다. 이유는 모두 다 탐욕심 때문이다. 따라서 중생을 위해 이 문제를 영원히 해결하기 위하여 비밀하고 귀중한 가르침의 수련법을 전한다. 탐이 없고 부작용이 없는 길을 명백히 밝혀 주려 하니 명심하여 신중히 수련토록 하라. 이것은 토하는 숨이 약 2초 정도 길어야 한다(평의한 호흡으로 시작하여야 한다).

　③ 심법(心法)
　　– 단전에 마음이 있고 그 마음은 무념하다. 그리고 그 마음을 느낀다. 느낌 없이 느끼는 것이다. 이것이 단전에 신성(佛性)의 힘, 공성의 힘을 느끼는 첩경의 길로 들어가는 것이다.

- 숨 숨 숨 하면서 단전 속에서 마음을 느낀다. 마음은 일체 느낌 없는 느낌을 느낀다. 단전에서 무념을 느낀다.
- 상상하는 것 보다 단전에서 마음을 느끼는 것이다. 호흡하는 것이 마음을 느끼는 것이다. 이것을 무념이라 한다.

(2) 1지 2식

① 행법(行法): 단전에 무거운 것이 있어서 힘을 주어서 힘을 쓰면서 밀어내는 느낌으로, 들어오는 숨과 함께 단전을 밀어낸다. 단전에 힘을 써야 한다. 토하는 숨에는 소리를 낸다. 완전하게 토한다. 그러나 단전은 움직이지 않는다. 숨은 움직여도 단전은 제자리에서 기와 숨만 토한다. 들숨도 또한 이와 같다.

② 심법: 흡급, 토완(흡급 4초, 토완 6초)
- 기의 힘으로 기공흡급(들어오는 호흡을 조금 빠르게 한다.)
- 기의 힘으로 기공토완(부드러우면서, 소리가 나면서 안정되게 한다.)

(3) 1지 3식

① 자세: 1지 1식과 같다.
② 행법: 1초에 숨을 들어 마시고 4초에 토한다.
③ 심법: 기공 흡초금 토완(흡 1초, 토 4초)

*무념(無念)의 정의

무념은 생각이 없다는 얘기가 아니고 갈망, 집착하는 마음, 생각, 마음 속에 불안 현상 작용이 없는 것, 3독을 제거하고자 하는 행이 없는 것이다.

*정단전호흡의 요령

얼굴은 정면 90도를 향한다. 얼굴을 앞으로 숙이면 지기가 많이 들어와 머리가 아프고, 하늘을 향하면 머리 꼭대기가 아프거나 뒷머리가 아프게 되니 필히 90도를 유념하라.

단전호흡이라 하면 기가 배꼽을 통하여 단전으로 들어와 단전에서 중심을 가지고 전신호흡을 하는 것이다.

호흡은 코로 들어오지만 기는 배꼽으로 들어와서 배꼽을 통과한 기는 단전에서 기단으로 다시 형성되어져서 단에서 임독 양맥으로 기경 8맥으로 순환되어 전신으로 순환된다.

코로 들어온 호흡은 폐로서 숨을 쉬는 것이어서 단전에는 아주 적고 미세하게 미치기는 하나 그 효과는 1% 미만이라 하겠다. 이것을 (기, 허, 심, 허)기도 약해지고 마음도 약해지는 것이다.

코로 들어온 숨에서 산소를 몇 %를 흡수하느냐에서 기와 단전의 관계가 있다고 할 수 있다. 또 머리에 뇌 세포가 일천억 개가 있다는데 몇 %나 활용하느냐 하는 것도 단전의 기와 관계가 있다고 할 수 있다. 분명 공기는 코와 폐로 들어오지만 기는 배꼽으로 들어온다. 기의 순서는 배꼽으로 들어오고 코로 들어오고 폐로 들어오고 전신으로 들어오고 기경 8맥, 임독 양맥 360혈도로 들어온다.

이렇게 여러 각도로 들어온 기는 단전에서 모이고 단전에 모인 기는 기단으로 형성되어 기단으로 형성된 기는 360혈도, 기경 8맥, 임독 양맥으로 순환한다.

인간은 누구나 어머니 뱃속에서는 배꼽을 통한 단전호흡을 하는데 이때 폐와 코는 기다림의 상태이고 태어나는 순간부터 코와 폐로서 숨을 쉬게 되는데 이때부터 사람의 단전은 기다림의 상태로 돌아간다. 다시 말하여서 뱃속에서는 폐와 코는 기다림의 상태이고 태어나면서부터 단전은 배꼽과 더불어 기다림의 상태로 돌아가 죽을 준비를 한다.

생후 1개월에서 3개월 약 100일 안에는 매우 중요한 시기가 된다. 자아가 형성되는 시기라 말할 수 있다. 제2의 천성이 만들어지고 적응하는 순간이다. 이때는 아주 편안한 상태, 평온한 상태로 만들어 주어야 한다. 주위가 불안하고 젖이 빨리 들어오지 않을 때 아기는 화를 내고 성질을 부리는데 이때부터 제2의 인간성이 시작된다. 생후 1개월에는 누구나 두 가지 호흡을 한다. 폐호흡과 단전호흡 두 가지를 한다. 그러나 자세히 보면 아기는 호흡을 3가지로 나눌 수 있다.

1. 아기는 활동 중에는 강단전호흡을 한다(빠른 단전호흡이다).

보통사람들은 활동 중에는 반대로 단전은 약해지고 상층호흡을 한다. 혹 분하거나, 화가 나거나, 초조하거나 성질이 나면 단전은 없어지고 폐의 상층 어깨까지 올라간다. 그만큼 단전은 무기력해져 가고 있다. 아기는 생명의 위협을 느끼거나 긴장 초조하면은 맥박은 부드러워지고 강단전호흡으로 바뀐다. 이때가 가장 동물적이다.

2. 아기가 평화롭게 놀고 있을 때는 정단전호흡을 한다.

3. 아기가 잠을 자고 있을 때는 호흡에 갈등과 번뇌가 없고 상당히 부드럽고 호흡이 하는 듯 마는 듯 기운의 흐름이 있는 듯 없는 듯 수단전호흡을 한다.

사람은 누구나 성인이 되어 가면서부터 또 삶으로 심장에 자극을 받고 생각을 일으키고 번뇌가 일어남으로부터 갈등이 생기고 불안, 초조, 불만족 등으로 점점 성질이 급하게 되고 지나치게 뇌세포가 정상적 활동이 없어지고 극단적 생각을 하면서 단전호흡을 못하게 된다.

사람이 단전호흡을 하려면 무엇보다도 정상적으로 안정적이어야 한다. 육체적으로는 평정, 수직, 수평, 부드러운 근육 상태를 유지하여야 한다. 그러기 때문에 단전호흡에서는 반드시 심법이 필요하다. 심법이 없는 호흡은 죽은 호흡이다. 요술에 불과한 것이다.

본문에서는 단전에서 기를 느낀다. 가슴에서 기를 느낀다. 미간에서 기를 느낀다. 장심에서, 용천에서, 전신 어디든지 기를 느낀다. 열기를 느낀다 하더라도 따라 가지 말고 느껴지지 않는 마음을 느낀다.

단전에서 가슴에서 미간에서 머리에서 단전을 느낀다. 상상해 버리면 퍼지기는 하지만 더욱 들어가지 못하는 단점이 있으니 이 가운데서 묘한 이치를 반드시 터득으로 꿰뚫어 알아야 된다. 이것이 바로 무념이다. 인류에 있어서 가장 묘한 이것이 최상승 대도인 것이다. 이렇게 호흡하여 더욱 향상돼야 한다.

본문에서는 3가지 원칙을 정하여 금륜을 삼는다.

1) 단전에서 마음을 느낀다.

2) 일체 느낌이 없는 느낌을 느낀다(느낌을 따라 가지 말 것).

3) 단전에서 무념을 느낀다.

무념의 바다 빛의 바다에서 다시 3가지로 나눌 수 있다.

1) 단전에서 희열을 느낀다.

2) 단전에서 무중력을 느낀다. 공을 느낀다.

3) 단전에서 법열을 느낀다.

(생명의 환희, 숨쉬는 환희 존재의 환희를 느낀다. 단전에서 빛의 바다를 느낀다.)

단 빛의 성질이 없는 빛 바다, 빛 모양, 성질, 오색 찬란한 색깔 빛의 종류 빛의 형상, 망상 등 모든 유념은 망상이다. 마장이다. 빛의 본성 빛의 당체 빛의 근본 당체 속으로 들어간 상태 빛도 없고 나도 없어져야 한다. 빛의 성질 속으로 들어가야 한다. 안정된 법열 생사 존재 일체 생각을 느끼지 않는 생사 존재를 느끼는 밀바나 이것이 단전을 완성 하는 과정이라 말할 수 있다.

입정호흡(立靜呼吸)

● **자세** 반가부좌 또는 결가부좌로써 두세 번 호흡과 자세를 가다
듬고 몸과 마음을 편안케 하여야 한다.

● **행법** 토하는 숨을 단전 속에서부터 시작하여 토하여야 한다. 들
이 마시는 호흡을 가늘고 깊이 있게 단전으로부터 직선으로 천천히
목까지 쌓아 올리고 잠깐 사이에 마음속에 잡념을 버리고 마음을 깨
끗이 하여 아무 것도 남지 않은 마음을 만들어야 한다. 단전으로부터
목을 지나서 잠깐 사이에 머리 위 상층부까지 호흡의 기운이 가득 차
도록 백회혈 꼭대기가 아닌 머릿속에 가득 차도록 들이 마시고 토하
면서 머릿속을 비워 버린다.

들이 마시면서부터 단전에서 목까지 이르러 다시 머릿속까지 들이
마셔서 토하면서 다 비워 버린다. 들이 마시면서 머릿속까지 꽉 차도
록 마신다. 토하면서 다 비워 버린다. 들이 마시면서 머릿속까지 꽉
차도록 마신다. 토하면서 힘있게 토하며 잡념이 남지 않도록 토한다.
깊이 들이 마시면서 머리 꼭대기가 아닌 머릿속이 꽉 차도록 들이 마
셔서 기운이 꽉 찬 다음 기운과 잡념과 일체 생각이 남지 않도록 하
고 몸은 움직이지 말아야 한다. 우울한 기분 이런저런 생각이 일체 남

지 말아야 한다. 그리고 머리는 맑고 밝아야 하며 거듭거듭 회수와 시간을 길게 잡아가면서 스스로 몸이 멈추고 스스로 생각이 멈추고 스스로 적멸에 대무념에 들어 맑고 밝아야 한다.

명상법

명상을 통해서 심신을 긍정적인 에너지로 정화하고 의식의 변화를 일으켜 궁극적인 평화와 깨달음에 다가가는 방법이다. 다양한 명상법이 있지만 예를 들면 첫째로 바다를 상상한다. 출렁대는 파도가 잠잠해질 때까지 수식관을 하면서 조식을 한다. 그리고 파도가 고요해지면 처음엔 3미터, 10미터, 100미터 한없이 깊이 빠져 본다. 한없이 깊고 깊은 이 마음처럼…….

둘째로 자기 전에는 편안히 긴장을 풀고 앉아 어떤 대상에 대해 집중하거나 자신의 마음에 떠오르는 기쁜 생각들을 지켜보는 명상법이 적당하다. 이때 주의할 점은 명상을 하다 보면 여러 가지 생각과 감정이 떠오르는데 이것들은 '옳다', '그르다' 판단 내리거나 일일이 대응하지 않는 것이 중요하다. 되도록 무심히 지켜보고 있으면 어느 순간에는(비록일지라도) 마음이 비워지게 된다. 꾸준히 실천하면 스스로 마음을 안정시키는 법을 터득하게 되고 타인에 대한 이해와 배려가 커지며 영적인 통찰력까지 생기게 된다.

● **자세** 결가부좌 또는 반가부좌로 가장 편하고 안전한 자세를 취한다.

　　1. 척추를 똑바르게 하여야 한다.

2. 얼굴이 90도라야 한다.

3. 허벅지가 앞쪽으로 기울어야 한다.

● **행법** 위와 같은 자세가 눈을 감고 본인이 스스로 느낌으로 익히고 알아야 한다. 이럴 때 호흡을 토한다. 아주 미미하게 토한다. 길게 토한다. 부드럽게 토한다. 소리 없이 토한다. 아무런 부담 없이 토한다. 우유처럼 부드럽게 토한다. 다 토한 상태, 공허한 상태, 텅 빈 병마도 없는 번민·고통도 없는 상태, 고통을 재촉하는 그 놈도 없는 상태, 온전히 텅 빈 상태, 진실로 공허한 상태. 공허한 현실, 공허한 바탕 자체 완전한 공허 자체, 그 자체 그대로 거기……

그 때부터 그 시간부터 나 자신을 생각하면서 병들지 않은 나, 고통이 없는 나, 깨끗한 나, 때묻지 않는 나는 괴로움, 고통을 떠난다. 행복과 사랑과 희망과 용기와 해낼 수 있는 집념으로 가득한 나, 나를 생각하면서……. 한없이 밝고 순수한 이 마음을 계속 관(觀)한다.

단전호흡이라 함은 기(氣)가 배꼽으로 통하여 단전으로 들어와 단전에서 중신을 가지고 정신호흡이다. 이때 호흡은 '코'로 들어온다. 기(氣)는 단전에서 단으로 형성, 단에서 임맥, 독맥, 기경 8맥으로 순환되어 전신으로 순환되는 것이다.

코로 숨이 들어와 폐로써 숨을 쉬는 것이어서 단전에는 아주 작게 미세하게 미치기는 하나 그 효과는 10% 미만이다. 이것을 "기허심허", 코로 들어오는 숨에서는 산소를 몇 퍼센트 흡수하느냐에 따라서 기와 단전에 관계가 또 머리에 뇌세포 1천억 개, 몇 퍼센트 활용 하느냐 하는 것도 단전에 기와 관계가 있다고 한다. 코, 폐로 기는 배꼽으로 들어온다.

● **기의 순서** 기(氣) → 폐, 전신, 기경 8맥, 임맥, 독맥, 360도 혈로 들어온다. 이렇게 여러 각도(경로)로 들어오는 기(氣)는 단전에서 모이고 단전에서 모이는 '기'는 기단으로 형성되어 된 기는 360도 혈로 기경 8맥, 임맥, 독맥, 양맥으로 순환된다.

● **숨** 숨의 중요성

생명호흡의 원초적 공기는 질소 78%, 아르곤 1%, 산소 21%로 구성되어 있다. 평생 숨쉴 호흡은 숫자가 정해져 있다. 그래서 천천히 숨을 잘 쉬어야 한다.

코로 숨을 잘 관찰해야 한다. 그리고 자연적인 호흡을 해야 한다.

1분에 18~20번이 정상적인 숨의 횟수이다. 1년에 약 1천만번 정도가 된다. 숨을 흥분하거나 긴장해서 바쁘게 쉬면 건강에 해롭고 수명이 단축된다.

제 **3** 장

기도와 수행

삼조 수련법(三調 修鍊法)

삼조 수련법은 불가의 참선 선정(불가에서 말하는 깊은 명상)을 하기 위한 수행법이다. 조신(調身), 조식(調息), 조심(調心) 등 3가지 수련 방법이 있다.

① 조신(調身)

참선(參禪) 수련할 때 고통이 따르지 않게 몸을 건강하게 만든다.

- **자세(姿勢)** 결가부좌 또는 반가부좌 자세로, 등(척추)을 바르게 펴고, 반듯한 자세를 취한다. 경추는 7개, 흉추는 12개, 요추는 5개의 뼈로 구성되어 있다. 몸을 잘 소통시키기 위해 도인체조, 기공, 요가 등 육신을 잘 다스려 익숙하게 해야 한다. 즉 몸을 잘 만들어야 참선을 할 수 있다. 마음공부를 할 수 있게 몸을 만드는 것이 조신이다. 이 과정에서 사람의 5장 6부 내장 기능과 관절, 사지, 혈맥, 기혈 순환이 중요하다. 여기서 도인법(導引法)이 필요한데, 이것은 호흡에 맞추어 몸을 늘리고 당겨 줌으로써 기혈(氣)의 흐름을 원활하게 하기 위한 일종의 체조다.

② 조식(調息)

호흡을 조정해 입식(入息)과 출식(出息)을 부드럽게 깊이 한다. 모든 호흡의 기본이며 도를 닦는 기틀이 된다.

- **복식호흡(腹息呼吸)** 숨을 토할 때 아랫배를 오무리고 들어마실 때 배를 내민다(절대로 몸에 무리하게 힘을 주어서는 안 된다).

- **단전호흡(丹田呼吸)** 기가 완전히 하단전(下丹田)까지 내려가 단전 스스로 호흡이 하는 상태다(이를 석문혈, 관원혈이라고도 한다). 호흡을 할 때는 숨을 가늘고 깊고 조용하고 산란하지 않고 파도와 같이 흔들림이 없이 소리 안 나게 길게 내는 것이다.

호흡(呼吸)을 고른다는 뜻은 호흡을 잘 다스린다는 것이다. 숨쉬기에는 들숨과 날숨이 있다. 그리고 숨을 쉴 때는 반드시 힘이 소모된다. 우리가 알고 있는 바로는 호흡기의 폐를 통해 쉬기도 하지만 피부를 통해 숨을 쉬는 양이 30%나 된다.

사람이 생명을 유지하려면 숨을 쉬어야 한다. 그리고 음식물을 먹어야 한다. 사람에 따라서 다르지만 음식은 한 30~40일 안 먹어도 살 수가 있지만 숨은 단 몇 분만 못 쉬어도 생명이 끊어진다.

그래서 숨 쉬는 법을 잘 알고 다스려야 한다. 숨을 들이 마실 때는 신장(콩팥)의 힘을, 쉴 때는 심장의 힘을 필요로 한다. 호흡할 때 억지로 숨을 많이 들이 마시고 내 뱉는 식으로 욕심을 부리며 호흡을 하면 안 된다. 무리하게 숨을 쉬면 여러 가지 부작용이 생긴다.

주화입마(走火入魔)나 상기병(上氣病) 같은 것이 생길 수 있는데, 이 때는 자연스럽고 부드럽게 자기 몸에 맞게 해야 한다. 사람의 몸처럼 자동 조절이 잘 되는 기계는 없다. 숨도 저절로 자연적인 호흡을 통하여 조식을 해서 하면 된다. 특별한 기술이 있는 것은 아니다. 숨은 그냥 자연스럽고 부드럽게 호흡에 맞게 내뱉고 들이쉬면 된다.

조식을 해서 숨을 들어 마실 때가 답답하고 짧으면 신장이 허약하고, 내쉴 때가 급하고 짧으면 심장이 허약한 것이다. 조식을 잘 하면 마음이 평정해지고 기혈을 안정시키며 무한히 밝고 맑은 세상을 경험하게 되며 정신 수양으로 가는 길이다.

조식호흡엔 숨을 깊이 들이 마시고 내쉬는 가운데 묘한 자연의 이치가 있다. 깊이 숨을 들이 마시면 제 아무리 숨을 안 토해 내려고 해도 저절로 숨을 내쉬게 된다. 이때 자연의 이치인 도(道)를 알아야 한다. 일호일흡(一呼一吸).

일체의 슬픔, 갈등, 망상, 외로움, 고독, 분노 등을 숨 한번 들이 마시고 내쉬는 가운데 번뇌, 망상을 다 버리고 끊어 버리는 조식호흡 수련을 해야 한다. 이것이 진정한 호흡이며 조식법이다. 부동심(不動心), 무념무상(無念無想)의 경지다.

③ 조심(調心)

조식으로 고르게 된 호흡을 통하여 마음을 평온하게 가지며 깊은 내면세계로 들어갈 수 있다(선의 세계, 영의 세계). 마음을 닦고 다스리는 것, 즉 성인의 말씀을 듣고 명상을 한다든지 참선수행으로 마음 공부를 하는 행위 등을 말한다.

사람이 살다보면 본의 아니게 나쁜 것인 줄을 알면서도 그쪽으로 빠질 때가 있다. 한두 번은 그렇다고 하더라도 알면서도 자주 빠질 때는 어떻게 마음을 써야 할까?

이는 자기(自己) 중심, 입지(立志)가 확실하지 않기 때문으로 입지를 세워야 한다.

인간의 속성에는 선과 악이 똑같이 공존하고 있다. 이중에서 어느 쪽으로 선택하느냐는 마음의 쓰임에 따라 달라진다.

자기 중심, 입지를 확실히 세운 사람은 과감하게 악을 버리고 선을 택하기 때문에 갈등이나 번뇌가 생기지 않는다. 그 중심이 약한 사람은 작은 것에 욕심을 내어 항상 갈등과 번뇌에 시달리고 건강까지 해친다.

조식호흡과 조신은 마음을 잘 다스리기 위한 것이다. 호흡은 몸과 마음의 교량 역할을 한다.

조심은 마음을 잘 다스리기 위한 수련법이다.

즉 유무자재(有無自在) 수련이다. 유무자재 수련이란 일체 나쁜 것은 없으며, 내가 원하고 좋은 것은 있다고 생각하며 마음을 수양하는 것이다. 흔히 기분이 나쁘다거나 밤에 악몽을 꾸었다거나 내 몸에 병이 있다고 생각하지만, 사실은 아니다.

나쁜 것, 좋지 못한 일 같은 것은 없다, '없다' 라고 생각(念)을 한

다. 그리고 기분이 좋다, 사업도 잘 된다, 건강이 좋다 등 원하는 것
은 '있다', '있다' 라고 마음 수행한다. 이것이 유무자재의 수련법이
다.(좋은 것은 있다, 나쁜 것은 없다)

자기 마음속에서부터 '불행은 없다', '행복은 있다' 며 의심 없이 순
수하고 한 없이 밝은 마음으로 '있다', '있다' 라고 생각해야 한다.

원하는 것은 있다, 원치 않는 것은 없다. 유무자재 수련으로 마음
의 평정을 찾아라.

마음은 숨을 떠나지 않으며 숨은 마음을 떠나지 않는다.

오욕과 칠정

오욕(五慾)이란, 성욕(性慾)·수면욕(睡眠慾)·식욕(食慾)·재물욕 (財物慾)·명예욕(名譽慾)을 뜻한다.

칠정(七情)은 내부에서 오는 7가지 감정으로 노(怒)·희(喜)·우(憂) ·비(悲)·사(思)·공(恐)·경(驚)을 말한다.

이러한 감정의 변화가 내장 기능의 변화를 가져온다고 본 것이다. 특히 격한 감정이 가져오는 생리 기능의 변화를 설명한다.

- **노(怒)** 예부터 기를 과노상간(過怒傷肝)이라고 했다. 지나치게 성을 잘 내는 사람은 간이 나쁘다는 말이다. 대단치 않은 일을 가 지고 성을 버럭 내는 신경질 많은 사람은 간 기능이 좋지 않고 또 노한다는 감정은 간에 피해를 주기 마련이다. 격한 감정이 내장 에 미치는 영향을 말하고 특이한 감정과 내장의 관계를 설명하고 있다.

- **희(喜)** 지나치게 성을 잘 내는 것도 몸에 해롭지만 너무 즐거워 하거나 지나치게 웃는 것도 몸에 이롭지 못하다. 과희상심(過喜 傷心)이라고 했다. 도에 넘치게 웃으면 가슴이나 옆구리가 결린 다. 그 까닭은 웃느라고 숨을 들이킬 사이도 없이 밖으로 내뿜기

만 하니까 몸 안의 산소가 모두 밖으로 배출되어 산소 결핍증을 가져와 심장에 무리가 생기기 때문이다. 소문만복례(笑門萬福來)도 도가 지나치면 병이 된다는 말이다.

- **우(憂)** 언제나 울적하고 근심에 싸인 생활을 하는 것도 병의 원인이 된다. 마음을 편하게 가지라는 말은 어떤 환자에게나 권하는 의사의 권고이지만 우리가 잘 알고 있는 상식이기도 하다. 우울한 마음은 기체(氣滯) 현상을 가져오게 되며, 따라서 폐에 영향을 준다. 과우상폐(過憂傷肺)라는 말과 같이 우울증 환자는 폐를 상하게 하고, 폐 기능이 좋지 않으면 기분이 울체되기 마련이다. 명랑한 기분을 애써 유지하는 것도 건강, 특히 폐의 활동에 도움이 된다고 한다.

- **사(思)** 어떤 일에 대해서 지나치게 생각하고 되뇌이는 사람이 있다. 요즈음 말로 노이로제 기미가 있다고 말할 수 있다. 이런 것도 건강에 좋지 않다는 것은 새삼 강조할 필요가 있다. 과사상비(過思傷脾), 즉 지나치게 생각하면 비장 기능을 약화시켜 소화가 잘 안 된다. 이에 곁들여 건망증이라는 달갑지 않은 증세도 이 기능의 쇠퇴에서 비롯된다고 한다. 심사숙고가 아닌 지나친 기우나 망상이 소화력을 해친다는 뜻이니 잘 알아 둘 일이다.

- **공(恐)·경(驚)** 한 마디로 말하면 겁이 많은 사람을 일컫는 대목

이다. 조그만 일에도 겁을 내거나 잘 놀래는 사람은 신장 기능을 약화시킨다. 과공상신(過恐傷腎), 즉 지나치게 무서움을 타거나 놀라면 신장을 상하게 한다. 놀라거나 무섭다는 충격적인 감정은 신장에 타격을 주고 기능을 교란시킨다.

- **기타(其他)** 이 밖의 원인으로 과음(過飮), 과식(過食), 과로(過勞), 과태(過怠) 등이 있다. 동양의학서는 지나치게 부족한 것은 모두 정상이 아니므로 병을 가져온다고 본다. 이것은 동양철학의 중용사상(中庸思想)에서 나온 것이며, 신체균형이 맞아야 건강이 유지된다는 원리를 잘 말해주고 있다.

삼마타 기도법(관음기도)

정초와 7월에 3일간 철야로 관세음보살께 기도하는 법이다.

순서는 다음과 같다.

첫째, 절 3배를 한다.

둘째, 108배 참회를 한다(반드시 눈을 감고 절을 한다).

셋째, 관세음보살 정근을 한다.

      나무 보문시현 원력홍심 대자대비 구고구난

      관세음보살

      멸업장진언 '옴 아로늑게 사바하' (3회)

      구족신통력 광수제방편

      시방제국토 무찰불현신

      고아일심 귀명정례

넷째, 관세음보살 주력 3000회를 한다.

      1지: 1000회, 낮은소리. 2지: 1000회 소리 없이. 3지: 1000회,

      입 다물고.

다섯째, '옴 마니 반메 훔' 주문을 한다.

여섯째, 옴 진동수련을 300회 한다.

일곱째, 훔 진동수련을 300회 한다.

여덟째, 단전호흡 300회를 한다(정단전-하단전-호흡).

아홉째, 관세음보살보문품을 독경(여공독송) 한다.

열째, 참선(화두: 이뭣꼬)을 한다.

열한째, 원력(기원)을 세우며 회향한다.

열두째, 절 3배를 한다.

옴 마니 반메 훔 수행법

옴 마니 반메 훔의 뜻은 10가지다.

첫째, 원융성이다. 최상은 옴, 훔이다. 둘째, 회향성이다. 셋째, 진동성이다. 넷째, 원음력이다. 다섯째, 창조와 소멸의 힘이 있다. 여섯째, 뜻으로서 옴은 창조, 마니는 창조의 진행으로 무한 자유와 변화생성, 발전의 뜻이다. 반메는 원하지 않는 것, 부작용에 대한 소멸의 뜻을 담고 있고, 훔은 진공, 묘유(妙有)의 뜻을 지니고 있다.

일곱째, 옴은 창조의 소리, 창조가 열리는 소리의 특징을 갖고 있으며, 마니는 창조 진행의 기운, 반메는 변화, 소멸, 자제소멸의 특징을 갖고 있다.

여덟째, 회생력, 생명력의 조화 작용력이 있다. 아홉째, 기의 발생부절의 특징이 있다. 열째, 스스로 빛을 내는 태양과 같이 자연력, 자연자제의 위력이 있으며, 저절로 망상과 괴로움을 그치며, 마음을 쉬게 해주는 자연치유력과 자유력의 힘이 생긴다.

건강에는 '옴 마니 반메 훔'이 좋다. 주력식으로 1시간에 36,000번 이상, 일주일에 1번 이상해야 한다. 상기되면 안 된다. 기운과 정신집중은 단전에 있어야 한다. 단전에 힘을 넣으면 가슴에 진동을 느낄 수 있어야 한다. 잡념이 끊어져야 한다. 소리가 끊어지지 않게 한다. 일념으로 일치하면 위대한 자연치유력이 나타난다.

옴 마니 반메 훔의 진동 수련법은 배우기가 쉽고도 어려운 것이다. 꾸준히 배우고 숙달해야 한다. 우선 중요한 내용을 몇 가지로 나누어서 설명하기로 한다.

- **수련법** 먼저 숨을 크게 들이마시고, 멈추고, 힘을 슬쩍 뺐다가 아랫배에 있는대로 힘을 주면서 약 5초 정도 '옴' 소리를 일으킨다. 약 5~6초 후에 아랫배만 뒤로 빼면서 '마니 반메'를 하고 마지막으로 꼬리뼈 속으로 밀어 넣으면서 '훔' 소리를 길게 발음해야 한다.

그리고 즉시 연결하는데 단전이 앞으로 숙 나오면서 숨을 크게 들이쉬고 숨을 멈추어서 힘을 살짝 뺐다가 있는 대로 힘을 주면서 단전에 힘만 가지고 '옴' 소리를 일으킨다. 목으로 소리를 내지 말고, 가슴으로도 소리를 내지 말아야 한다.

단전의 힘으로 소리를 내야 한다. 이것이 기초다. 연속 동작으로 소리를 연결하는 것이 첫 번째 가르침이다.

다음은 '옴' 소리를 낼 때 입을 크게 열었다가 빨리 닫으면서 목 안에 울림소리를 내어야 한다. 목 안에서 밖으로 나가는 소리는 아니다. 단전의 울림소리는 낮은 소리다. '마니반메'는 입을 적게 열고 얼버무린다. 소리는 선명하게 내려고 하지 말아야한다. 이 울림소리는 내 몸 안에 소위 수백 조에 해당하는 DNA 세포 전체를 진동하게 한다.

이 소리를 잘 배우고 터득하면 바로 나에게 위대한 힘이 생긴다. 다음은 혀의 모양이 '옴' 할 때는 미간을 향하고, '마니 반메'는 중간에 빠지고 '훔' 할때는 목젖 뒤로 넘어간다.

옴 마니 반메 훔의 수행을 하면 북두칠성 원력을 받아 건강과 수명, 복을 받는다. 신의 옹호를 받으며, 지옥을 타파하고 구제를 받으며, 옴 마니 반메 훔 소리 제도로 인하여 조상이 천도되며, 3세의 죄업이 소멸되며, 즉시 성불할 수 있는 진언이다.

자성내면의 소리 밖의 소리가 조화될 때(오, 옴) 에너지가 충만하며 몸의 조화가 이루어져 건강에 도움이 된다. 의심 없는 마음으로 해야 한다. 의심은 에너지를 분산시킬 뿐 아니라 우주 사이클의 좋은 파장을 받는 데 방해가 되며 부정적인 마음으로 진언을 하면 정말 마음의 문이 열리지 않고 건강에 도움이 되지 않는다.

도를 닦기 위해서 진언을 하려면 단순해야 한다. 생각이 적어야 그만큼 마음의 변덕이 없다. 그래야 지혜가 생긴다.

진언을 하면 병의 근원이 되는 두려움과 인생의 회의, 미움, 분노, 불안, 질투, 슬픔 등 아픔과 고통을 해소하고 마음 육신 긍정적인 삶에 기를 느끼게 한다. 굳어진 습관, 업장, 번뇌, 근심, 걱정 등이 사라지게 된다.

에너지는 진동이다. 다른 세계에 들어가는 길은 묘하게도 소리와 연관되어 있다. 우리가 어머니 배를 통해 제일 먼저 나올 때도 '살려

달라' 고 소리를 지르는 것은 소리가 곧 빛이기 때문이다.

빛은 에너지다. 자신의 운명도 에너지 흐름에 따라 결정되는 것 같다. 또 소리는 메아리다. 소리는 거짓말을 모른다. 소리는 언제나 정직하기 때문이다.

* 옴 마니 반메 훔(자비진언)

진언(眞言 : 만트라) 참말 개념으로 인위적인 것이 개입되기 이전의 말. 인도 산스크리트어로 옴 마니 반메 훔(연꽃속의 보석이라는 뜻).

범음(梵音) 우주의 소리. 우주는 빛과 소리, 뜻으로 구성되어 있다. '소리' 는 모든 해결의 열쇠, 우주의 비밀이다. 천지만물의 원초적이고 본래적인 소리이고 '진언' 존재 본연의 소리, 진리의 소리다.

- **옴**(om) 모음이다. 그 소리는 여성의 소리로 옴의 첫음절은 '아' 라고 한다. '아' 는 모든 소리의 어머니 소리다. 천상계의 세계 소리로 마음들을 소멸시킨다. 육도윤회로 볼 때 옴은 창조적인 소리다.(열리는 소리의 뜻)

- **마니**(mani) 구슬이라는 뜻. 즉 바른 행동, 힘, 다이아몬드, 창조의 진행 중. 마-수라, 니-인간.

- **반메(padme)** 연꽃이라는 뜻. 힘의 저장고 생산의 보고다. 반–
  축생, 메–아귀

- **훔(Hum)** 마지막 진동소리. 성취의 소리. 지옥계 중생들의 마
  음. 조복 받고 소멸도 시킴.

지관수행법(止觀修行法)

부처님 재세시(在世時)에는 지관수행법 외에 다른 공부법이 없었다. 그래서 진리의 길로 나아가는 '유일(唯一)한 길', '성(聖)스러운 길'이라고 말씀하셨다.

지관수행법에 대하여 《잡아함경》에서는

> "난타여, 마땅히 이법(二法)을 닦으라, 이법(二法)이란 지(止)와 관(觀)이니라."

고 했으며, 《증일아함경》에서는

> "비구들이여, 두 가지 법은 영지(靈智)의 일부이다. 무엇이 둘인가? 사마타와 위빠사나이다.
>
> 비구들이여, 사마타를 닦으면 어떠한 이로움을 경험하는가? 마음이 개발된다. 마음을 개발하면 어떠한 이로움이 있는가? 욕망이 제거된다.
>
> 비구들이여, 위빠사나를 닦으면 어떠한 이로움을 경험하는가? 통찰지가 개발된다.
>
> 통찰지를 개발하면 어떤 이로움이 있는가? 무명이 제거된다."

라고 하였다.

이 두 수행의 의미는 수행자가 몸과 마음을 있는 그대로 알아차려, 처음에는 오온의 고요한 특성과 조건적 특성을 알고 더욱 발전하여 오온의 무상, 고, 무아를 체험하고, 자신의 몸과 마음의 집착에서 벗어나 궁극적 진리를 깨닫는 데 있다.

이 두 수행법은 북방 대승불교권에는 지(止, Samatha)를 중심으로 하는 수행법이, 남방 근본불교권에서는 관(觀, vipassana)을 위주로 하는 수행법이 고수되어 왔다.

그러나 이 수행법은 수미일관(首尾一貫)수행법, 하나의 일관된 수행체계로 지(止)와 관(觀)을 쌍수해야 한다.

지(止)와 관(觀)의 차이

지(止)와 관(觀)의 차이

	사마타(止)	위빠사나(觀)
본 질	마음집중, 고요, 평온 선정 삼매, 오온의 통일.	지혜(panna) 삼매. 중도 선정법.
목 적	평온, 고요, 선정 삼매. 5가지 장애 방지.	탐·진·치 제거. 견성해탈(궁극적 깨달음). 무상, 고, 무아를 깨닫는 지혜개발.
특 성	한 대상에 마음을 집중, 고정시키는 방법. 의식에 의지.	수시로 변하는 대상을 관찰하는 방법. 반야에 의지.
결 과	한 대상에만 집중하여 일념상태가 됨. 8선정 범아일여. 심청정(心淸淨) 성취. 5신통(누진통 제외).	오온과 본성에 집중하여 탐·진·치 번뇌 소멸. 생사없는 열반성취. 혜청정(慧淸淨) 성취. 6신통.

(1) 지(止)의 수행법

① 지(止)·정(定)·사마타(samatha)

마음과 호흡이 고요히 한 곳에 머무는 안정되고 평안한 상태를 말한다. 마음과 호흡이 흐트러지고 움직이는 것을 떠나 한곳에 고요히 집중(集中)된 상태 또는 응집(凝集)상태이다.

② 응념(凝念) 사마타를 이루기 위해서는 우선 마음 어느 한 곳에 머무르게 하여 그곳에 마음의 초점을 맞추어 마음이 그곳으로부터 움직이지 못하게 하는 것이다.

1. 몸의 한 부위에 마음을 집중하는 방법
2. 소리를 이용하는 방법 – 만트라(mantra) – 진언(眞言)
   신을 상징하는 말. 기도문과 같이 사유를 초월한 상징적인 순수한 소리로서 진언(眞言)이나 다라니.
3. 존상(尊像)과 같이 추상적인 대상을 이용하는 방법.

③ 관불(觀佛)과 염불(念佛) 관불(觀佛)은 마음을 불보살(佛菩薩)과 같은 거룩한 대상에 응념하여 그 모습과 내면에 마음을 한결같이 집중함으로써 거룩한 대상과 하나가 되고 마침내 삼매에 이르러 마음을 초월하게 되는 방법을 말한다. 염불(念佛)은 문자 그대로 불보살을 항상 마음속에 떠올리거나 생각한다는 뜻이다. 마음속으로는 불보살의 모습을 떠올리며 입으로는 불보살의 명호를 부르고, 몸으로는 합장 예경하는 것이다. 염불과 칭명(稱名)과 예경이 동시에 이루어 지는 것이다. 이렇게 삼업(三業 : 身·口·意)을 모아 염불하면 염불하는 주체인 내가 염불하는 대상인 불보살과 하나가 되어 마침내 삼매를 이루게 된다.

사마타의 특징은 흩어짐없이 한 곳에 집중하여 방황하지 않는 기능을 가진다. 붓다가 보리수 아래로 가기전에 사마타 8선정을 완성했지만 깨달음을 얻지 못했다고 고백했다. 그후 위빠사나로 12연기를 관찰하고 무상정등정각(無上正等正覺)을 이루었다.

(2) 관(觀)의 수행법

① 관(觀)·혜(慧)·위빠싸나(vipassana) 마음을 챙겨 주의 깊게 알아차리고 주시함으로써 대상을 있는 그대로 보는 것이다. 이것은 통찰(洞察), 주시(注視), 관찰(觀察)을 의미하며, 즉각적인 알아차림. 여러 현상(無常, 苦, 無我)을 봄. 현상 이전까지 꿰뚫어 봄의 세 가지 특성을 가지고 있다.

일체 존재의 참된 모습과 그 묘리를 아는 것을 지혜라 하고 따라서 관을 혜(慧)라고도 한다. 지관쌍수(止觀雙修) 또는 정혜병수(定慧竝修)의 수행법이다.

지금 현재 대부분의 동남아 위빠사나 선원에서는 호흡수련으로 지도하고 있다. 전통적인 방법으로 코끝이나 입술 주변 등에 숨결이 강하게 와 닿는 부문에 집중하여 감각의 변화 의식의 변화를 관찰한다. 오직 미얀마의 마하시 수도원에서만 배의 움직임에 마음을 집중하여 배가 일어 날때는 일어남을, 꺼질 때에는 사라짐을 관찰한다. 한마디로 들숨, 날숨을 통하여 선정을 계발하고 몸과 마음의 삼법인(無常·苦·無我)을 관찰하여 몸과 마음의 본성을 철견하는 것이다.

② 사념처 관법(四念處 觀法)

　ㄱ. 몸에 대한 관찰 - 신념처

　ㄴ. 감각에 대한 관찰 - 수념처

　ㄷ. 마음에 대한 관찰 - 심념처

　ㄹ. 법에 대한 관찰 - 법념처

③ 몸에 대한 관찰(身念處)

아나파나사티(anapanasati)는 한자로 안반수의(安般守意)로 음역(音譯)되었으며, 아나(ana, 安)는 숨을 들이 쉬는 것이고 아파나(apana, 般)는 숨을 내시는 것이며, 사티(satti, 守意)는 집중의 뜻이다. 즉 들숨과 날숨에 대한 알아차림, 혹은 마음챙김이라는 뜻으로 입출식념(入出息念)이라 할 수 있다. 신념처 수행에서 가장 첫번째 수행이다. 다음으로 행(行) · 주(住) · 좌(坐) · 와(臥)에서 몸의 움직임을 관찰해야 한다.

《대념처경》의 내용을 간략히 살펴보면 다음과 같다.

　ㄱ. 들이쉬는 숨과 내쉬는 숨에 대한 알아차림

　ㄴ. 몸의 움직임에 대한 알아차림

　ㄷ. 몸의 행동에 대한 알아차림

　ㄹ. 몸을 구성하는 32가지의 요소에 대한 알아차림

　ㅁ. 몸의 4대요소(地,水,火,風)에 대한 알아차림

　ㅂ. 죽어서 몸이 부패되는 과정을 9단계로 관찰 - 부정관(不淨觀)

②와 ③의 수행방법의 예를 들면

비구는 가면서는 나는 가고 있다고 알아차리고, 서서는 나는 서 있다고 알아차리고, 앉아 있으면서는 나는 앉아 있다고 알아차리고, 누워 있으면서는 나는 누워 있다고 알아차린다. 이와 같이 어떤 상태로든 몸이 놓여있는 그대로 알아차린다.

일체처(一切處), 일체시(一切時), 행(行), 주(住), 좌(坐), 와(臥)에서 몸의 움직임에 대해 빈틈없이 미세한 현상도 놓치지 않고 알아차려 나가는 수행이다. 몸은 무명, 욕망, 집착, 업, 음식, 마음으로 생긴 것이다.

④ 감각에 대한 관찰(受念處)

감각의 변화를 통해 몸과 마음의 본질을 깨닫는 것이다. 감각은 어떤 대상에 대하여 좋은 느낌, 싫은 느낌, 그 중간의 느낌인데 이 세 가지 중 하나를 가진다. 감각을 조건짓는 것은 무명, 욕망, 집착, 업, 몸과 마음이다.

《대념처경》에서 간략히 살펴보면 다음과 같다.

ㄱ. 즐거운 느낌에 대한 알아차림.

ㄴ. 괴로운 느낌에 대한 알아차림.

ㄷ. 즐겁지도 괴롭지도 않은 느낌에 대한 알아차림.

ㄹ. 욕망이나 집착이 있는(속된) 즐거운 느낌에 대한 알아차림.

ㅁ. 욕망이나 집착이 없는(속되지 않은) 느낌에 대한 알아차림.

ㅂ. 욕망이나 집착이 있는 괴로운 느낌에 대한 알아차림.

ㅅ. 욕망이나 집착이 없는 괴로운 느낌에 대한 알아차림.

ㅇ. 욕망이나 집착이 있는 즐겁지도 괴롭지도 않은 느낌에 대한 알아차림.

ㅈ. 욕망이나 집착이 없는 즐겁지도 괴롭지도 않는 느낌에 대한 알아차림.

⑤ 마음에 대한 관찰(心念處)

탐욕·분노·어리석음이 있는 마음과 없는 마음, 무기력한 마음, 산란한 마음, 넓은 마음, 우월한 마음, 고요한 마음, 해탈한 마음 등을 알아차린다. 마음을 일으키는 것은 무명, 욕망, 집착, 업, 몸과 마음이다.

⑥ 법의 관찰(法念處)

법에 대한 관찰은 현상이 일어나기 전과 이후의 상태를 직관적인 의심을 수반하여 회광반조(回光返照)로 관찰한다.

ㄱ. 다섯 장애인 욕망, 성냄, 혼침, 불안정한 마음, 회의(회의적 의심) 등이 일어나기 이전, 진행, 사라진 상태를 면밀히 관찰한다.

ㄴ. 오온(五蘊)에 대한 관찰 : 부처님 제자들은 대부분 오온에서 무상(無常: 모든 존재는 항상 변화한다), 고(苦: 모든 것이 괴로움이다. 변화는 괴로움의 원인), 무아(無我: 나라는 실체는 없다)를 깨친다.

* 오온(五蘊)

　인간을 구성하는 5가지 요소. 색(色: 몸), 수(受: 느낌,감각), 상(想: 생각), 행(行: 의지,의욕), 식(識: 식별력).

　ㄷ. 여섯 감각 기관(六根 · 六境)의 관찰.

　ㄹ. 사성제에 대한 관찰 : 고(苦), 집(集), 멸(滅), 도(道).

※ 화두로 탐구하세요 ※

빙의 다라니

(1) 빙의란

빙의란 한문으로 의지할 빙(憑), 의지할 의(依)로써 영혼이나 초자연적인 힘 또는 다른 무언가의 영향으로 인해서, 본인의 의지력과 정신력이 약해지면서 평소와 다른 이상 성격이 나타나고, 자신의 생각과 의지대로 행동하지 못하고 타(他)의 힘에 조정되어 비정상적으로 움직이는 현상을 말한다.

서양의 정신의학계에서는 이러한 빙의 증상을 퍼제션(possession)이라 명명하고 있다. 신내림, 소유, 점거, 점령, 홀림, 귀신 붙음의 의미를 가지고 있다.

정신의학계에서는 빙의도 해리현상의 일부분으로 인정하고 있으며, 해리현상은 1980년대부터 학계에서 공식적으로 사용되어왔다.

해리란, 영어로는 dissociation(분리)이다. 이는 Association(연결)의 반대말로 일시적으로 연결이 풀린다는 의미이다. 여기서 연결이란, 인간의 정신 속에 여러 기능을 가진 서로 다른 부분간의 조합연결을 뜻한다.

(2) 빙의의 원인

육신을 잃은 영혼이 유주무주(有主無主)의 고혼이 되어 갈 곳을 찾지 못하고 연(緣)이 되는 곳을 찾아 인간계를 떠돌다가 영이 거주하기 쉬운 장소나 영적 파장이 맞는 사람과 인연이 되면 영체가 그곳에 머물게 된다. 그로 인해 영체(靈體)가 들어간 장소는 흉지(凶地), 흉가(凶家)가 되게 마련이고, 그곳에 사는 사람 또한 귀신에 홀린 상태가 되어 평소와는 전혀 다른 사람으로 돌변하게 된다. 또한 사람의 몸에 직접 유착되면 유착된 사람은 발작을 일으키거나 난폭한 성격으로 변하며, 심지어 폐인이 되기도 한다.

(3) 현대의 빙의현상

현재 인간사의 빙의는 수많은 원인이 있으며, 근래에서 인위적인 현상에 의한 빙의현상도 비일비재하다. 술이나 약물로 인한 환각, 환청상태에 빠지는 일 , 장시간 동안 온라인 게임이나 PC업무로 발생하는 만성피로, 정신장애도 역시 빙의현상이라 볼 수 있는데, 이와 같은 빙의현상이 부쩍 늘어 가는 추세다. 약물과 전자파에 의한 빙의현상은 청소년층에도 만연되어 확산일로에 있으니, 사회적으로 심각한 문제가 아닐 수 없다. 빙의의 원인은 너무도 광범위하기에, 남녀노소 누구나 걸릴 수 있기 때문에 이를 절대 무시하거나 소홀히 해서는 절대로 안 될 것이다. 여러 가지 신(神) 중에서 귀신도 무서워 범접하지 못하고 도망간다는 신이 있는데, 그 신은 바로 산 사람의 정신(精神)이다. 평소 심신을 다스리는데 게을리하지 않고 강한 정신력을 가지게 되면, 결코 빙의는 없을 것이다. 그러나 이미 빙의가 된 사람은, 그 영혼이 육도윤회(六度輪廻)를 벗어나 빨리 내생에 좋은 곳에 환생

(換生)하도록 하는 천도(薦度)를 해야 한다.

(4) 빙의된 사람의 증상

첫 번째, 매사 의욕이 없다.

두 번째, 큰 병이 없는 데도 원인 모르게 피로하다.

세 번째, 눈의 흰자위 충혈이 되어 있고 눈동자에 힘이 없다.

네 번째, 햇볕 밝은 곳에서 눈을 잘 못뜬다. 시선을 피하고 얼굴을
바로 들지 못한다.(특히 법력 있는 사람, 초능력자 등)

다섯 번째, 목과 뒷골(어깨가)이 잘 아프다.

여섯 번째, 두 어깨가 항상 무겁다. 손발이 차다. 손바닥이 붉은 빛
을 보인다.

일곱 번째, 본인은 아픔을 호소하는데 종합 병원에 가도 특별한 진
단이 나오지 않는다. 그저 신경성이라고 판명이 난다.

여덟 번째, 자살충동 이행, 삶의 의의를 상실한다.

아홉 번째, 낮에는 잘 다니지 않고, 또 몸에 기운이 없고 두 눈이
감기고, 밤기운(음의 기운)이 센 날이나 비오는 날 기분이 좋다.

열 번째, 아픈 곳이 자주 이동한다. 낮·밤·새벽 시간이 일정하게
또 처음에는 약발이 잘 받는다. 나중에는 효과가 없다.

열한 번째, 6개월 동안 한방약을 써도 더 이상 차도가 없는 질병.

열두 번째, 쇼크. 육체적 충격.

열세 번째, 우울증. 불면증. 공포증. 피해망상증 증상.

열네 번째, 칠성줄. 무병(신병)

열다섯 번째, 환상과 환청.

열여섯 번째, 꿈자리에 죽은 사람이 되풀이해서 나오거나, 시체. 동물. 조상영혼. 이상한 악몽.

열일곱 번째, 조상병 유전.

열여덟 번째, 술. 주사(酒邪).

열아홉 번째, 얼굴모습. 눈동자, 행동, 성격이 자주 변한다.

스무 번째, 슬픈 생각을 한다. 죽고 싶다는 충동이 생긴다.

(5) 빙의가 되는 유형

빙의가 되면 아기신, 배우자 혼, 원한, 망령, 조상신 등이 몸에 들어온다.

애착심이 많은 사람(동물)이 죽은 경우 각종 구천을 떠도는 영혼들이 전생에 인연이 있는 이들 후손에게 파장이 서로 맞아 빙의가 된다. 즉 음의 기운이 강한 비오는 날이나 어두운 밤, 자기 몸이 좋지 않을 때, 여성들이 생리 중에 마음이 울적하고 정서적으로 큰 충격을 받아 불안할 때, 성격이 소심한 사람 등에 들어오는 확률이 높다.

빙의된 혼들은 육신을 빌린다. 즉 대뇌를 조작하고 점령하여 이상한 행동을 취한다.

이럴 경우 광명진언을 하면 좋다. 광명진언이란 우리 자신이 만든 모든 부정적인 악업의 소리파동을 부처님의 지혜 광명으로써 소멸시키고 빛 광명의 상태로 변화시킨다.

진언을 들은 영가님들은 모든 죄업이 소멸되고 극락 왕생한다. 우리의 의식 속에 잠재되어 있는 악업의 때를 소멸하고 원만케 하는 대조화의 상태, 제불보살의 총체적인 주문이다.

(6) 광명진언

옴 아모가 바이로차나 마하무드라 마니 파드마 즈바라 프라바를타야 훔(21독, 54독, 108독)

광명진언을 해석하면 다음과 같다.

- 옴: 歸命의 뜻. 佛光明一心(시작, 창조)의 뜻.
- 아모가: 북방 불공성취의 명호. "석가모니불" 화신불.
- 바이로차나: 중앙 비로자나불 法身佛 大日如來. 삼라만상의 근본 부처님의 진리의 몸. 만물성장 태양이 어둠을 밝히듯 부처님 十方三世 법계체성지.
- 마하무드라: 동방 아촉불 大圓鏡智에 德 照見. 보리심개발 번뇌퇴치 지혜 거울청정(지혜 계발).
- 마니: 남방(보생불) 평등성지 중생의 원을 만족하게 함.
- 파드마: 서방 아미타불 중생을 위하여 설법 의심 끊게 함. 극락정토로 이끄심.
- 즈바라 프라바를타야: "佛光明 빛을 발하소서." "자비광명 충만케하소서." 발원.
- 훔: 五佛의 지혜, 광명 감사 귀의(소멸).

십악, 오악의 중죄를 지은 사람이 두서너 번 듣기만 하여도 모든 죄업이 다 소멸할지니라. 죽어서 지옥에 떨어졌더라도 이 진언을 념 하면 죄가 다 소멸되어 곧 극락세계 아미타불에 가서 태어나리라.

천도문(薦度文)

　조상 대대 친족, 연족 일체지 영가님이시여!

　부디 극락 왕생하시옵고 저의 발원을 들어 주시옵소서.

　삼계윤회의 온갖 고뇌 받고 계신 분 모두 다 해탈하시고 아미타불 친견 법계 중생 제도 하십시오. 한 세상을 뜻대로 살지 못하고 떠난 영령들이 있기에 인간된 도리로 이들을 〇〇이 천도하고자 합니다. 저희 발원을 들어주십시오. 떠도는 영령님들 서방정토 왕생극락을 발원하오니, 나무대성인로왕 보살님 나무대자대비 관세음 보살님 나무대원본존 지장보살님이시여 대자대비의 애민지덕으로 굽어 살펴주시기를 기원합니다.

*지장보살 멸정업진언

옴 프라 마리 다니 스바하

*나무지장보살주력

*츰부다라니(7독)

츰부 츰부 츰츰부 아가셔츰부 바결랍츰부 암발랍츰부 비라츰부 발결랍츰부 아루가츰부 담뭐츰부 살더뭐츰부 살더닐하뭐츰부 비바루가 찰뭐츰부 우뭐셤뭐츰부 내여나츰부 뷀랄여삼므디랄나츰부 찰라츰부 비실바리여츰부 셔살더랄바츰부

비어자수재 맘히리 담미 셤미 잡결랍시 잡결랍믜 스리 치리 시리 결랄뷀뷀러 발랄디 히리 벌랄비 뮐랄저러니달니 혈랄달니뷀러 져져 져져 히리 미리 이결타 탑기 탑규루 탈리 탈리 미리 뭐대 더 대 구리 미리 앙규즈더비 얼리 기리 뷀러기리 규차셤믜 리 징기 둔기 둔규리 후루 후루 후루 규루술두미리 미리디 미리대 뷘자더 허리 히리 후루 후루루

영가천도를 위하여 법성게(法性偈)를 하면 좋다.

*법 성 게

法性圓融無二相　　諸法不動本來寂　　無名無相絶一切
법성원융무이상　　제법부동본래적　　무명무상절일체

證智所知非餘境　　眞性甚深極微妙　　不守自性隨緣成
증지소지비여경　　진성심심극미묘　　불수자성수연성

一中一切多中一　　一卽一切多卽一　　一微塵中含十方
일중일체다중일　　일즉일체다즉일　　일미진중함시방

一切塵中亦如是　　無量遠劫卽一念　　一念卽是無量劫
일체진중역여시　　무량원겁즉일념　　일념즉시무량겁

九世十世互相卽　　仍不雜亂隔別成　　初發心時便正覺
구세십세호상즉　　잉불잡란격별성　　초발심시변정각

生死涅槃常共和　　理事冥然無分別　　十佛普賢大人境
생사열반상공화　　이사명연무분별　　십불보현대인경

能仁海印三昧中　　繁出如意不思議　　雨寶益生滿虛空
능인해인삼매중　　번출여의부사의　　우보익생만허공

衆生隨器得利益　　是故行者還本際　　巴息妄想必不得
중생수기득이익　　시고행자환본제　　파식망상필부득

無緣善巧捉如意　　歸家隨分得資糧　　以陀羅尼無盡寶
무연선교착여의　　귀가수분득자량　　이다라니무진보

莊嚴法界實寶殿　　窮坐實際中道床　　舊來不動名爲佛
장엄법계실보전　　궁좌실제중도상　　구래부동명위불

마의 종류

마의 종류는 12가지가 있다.

약마: 일종의 좀 도둑 같은 것을 비유하며 인간의 감기병과 같이 찾아온다. 내 자존심을 상하게 한다.

"자존심을 없애라. 즉 아상(我相) 자존심이 있기 때문에 남이 뭐라 하면 섭섭하고 그러지 자존심을 없애고 자기가 할 일만 잘 하면 약마는 침범하지 못한다."

약마자: 나쁜 말을 전달해 시비를 붙이는 것, 또 뱀이 들어와서 재산을 불려주나 잠시 뒤 그 재산을 가지고 나가며 고통을 주는 것. 자식이 부모 말 안 듣는 것이다. 내가 남에게 눈치 보이는 일을 했거나 내가 나를 눈치 볼 때 마자가 움직인다.

마녀: 주로 여자를 통해서 들어온다. 살살거리며 상대방의 간을 뺀다. 상대방에 손해를 끼친다. 항상 남의 꼬임에 빠져 살펴보는 것으로 "내가 남을 도와주는 거다. 내가 너를 도와줬지."하는 생각으로 남을 도와주지 마라. '마녀'가 움직인다. "무주상보시 해라.", "왼손이 준 것을 바른 손이 모르게 줘라." 또 집에 아내가 남편에게 초저녁에

는 잘 참고 잔소리와 원망을 안 하다가 밤 12시만 넘으면 남편 원망하고 속상하게 얘기하고 잔소리 한다. 정(情)떨어지게 만들어 결국에는 이혼하게 만드는 계기를 제공한다.

마민: 자기는 못하면서 남이 하는 것 가지고 말한다. "왜 그렇게 했어", "왜 나에게 얘기 안하고 했어" 하면서 시비 하는 것이다. 마음이 자꾸 밖으로 나가고 싶은 바람기, 의처증, 가족 · 형제 · 친척이나 친구들에게 말을 잘못 전해 불화를 조성하는 것이다.

약 위마 소착자: 자기가 잘난 줄만 알며 마에 소착된 사람이다. 자화자찬하며 누구에게 말 하더라도 자기는 옳고 남은 틀렸다는 식으로 얘기하며, 윗사람에게 불평을 토로한다. 어떤 일에도 안절부절 못하고 몸이 안 좋아 병원에 갔을 때 수술하지 않아도 되는데 공연히 배를 째 고통 받는 것이다.

야차: 남이 보지 않는 곳에서 큰 소리 치는 것을 말한다. 밤에는 술 먹고 낮에는 잠만 잔다. 밤에 도둑질한다.

나찰: 올가미 씌움, 음모, 모략이다. 어떻게 하든지 저놈을 못된 곳에 집어 넣고 자기가 앞서 나가려고 하는 것이다. 남이 잘못한 것만 지적하거나 수첩에 적어 놓았다가 컴퓨터처럼 정확하게 올가미를 씌운다. 남자들이 사회생활을 하면서 좀 먹고 살만하면 여자와 스캔들

을 일으키는 것도 다 나찰의 소행이다. 조심해야 한다.

구반도: 모든 재산을 한꺼번에 털어 먹는다. 가산탕진한다. 주는 것만 받아 먹고 산다(제사, 잔치, 초상집 등을 메모해 찾아다닌다). 남에게 이런저런 말 전하고 해서 비유나 맞추고 사는 것도 '마' 가 들어와서 하는 것이다.

비사사: 오고 가는 사람을 시비붙이고, 불난 집에 부채질하거나 간섭하는 것을 뜻한다. 역마살. 남에 집일에는 충성을 바쳐 잘 도와주면서 자기 집 일이나 살림은 돌보지 않는다.

길자: 아는 체 하는 것을 말한다. 풍수지리, 산소 이장 등을 모르면서 아는 체 해 남에게 미움 받는 것이다.

부단나: 없어도 있는 체 하고 다니는 것이다. 이런 사람은 신용이 없다. 자기가 제일이고 자기 아니면 안 된다는 식이다.

위타라: 누구와 얘기해도 꼭 상대에게 가시돋친 말을 하는 것을 뜻한다. 말을 깐죽깐죽하게 하며 남의 속을 뒤집는 말을 한다.

내가 선 것이 올바른 길이냐. 나가는 길이 정확하고 바른 길인가를 확인해라. 태도, 언행을 분명히 하고 남에게 함부로 말하지 않았나를 잘 생각하고 말을 해야 '마'(魔)가 타지 않는다. 그 사람 자취를 봐라. 공자님께서도 나이 오십에 지천명(知天命) 사명감, 인생의 천명을 알았다고 하였다. 우리도 한번쯤 생각을 해 볼 필요가 있다. 마음 한번 바꾼 일 어떻게 무엇을 하고 살 것이며, 나는 뭘 하고 살아갈 것인가 한번쯤 생각해 보자.

보현보살 다라니주

'마'(麻)는 말을 통해서 시비하는 것, '화', '신경질'은 공기 입자를 통해서 들어 온다. 옴 절대 신경질을 내지 말고 참지 않고서는 '마'를 이길 수 없다.

寶賢菩薩陀羅尼呪
아단디 단다바디 단다바데 단다구사례
단다수다례 수다례 수다라바디 붓타파
선녜 살바다라니아바다니 살바바사아바
다니 수아바다니 싱가바리사니 싱가녈
가다니 아싱기 싱가바가디 데례아다싱
가도랴아라데파라데 살바싱가디삼마디
가란디 살바달마슈파리찰뎨 살바살타루
타교사랴아누가디 신아비기리디뎨

위와 같은 '마'로 인해 고통 받는 사람이 있다면 보현보살님의 다라니 주문을 여공독송(與共讀誦) 해 보라. 보현보살님의 위력과 신통력의 힘으로 보호해주고 '마'로부터 지켜줄 것이다.

시간에 따른 다른 영파(靈波)의 적용

운에는 법칙이나 리듬이 있다. 운은 혼과 깊은 관계를 갖고 있고, 그 혼은 또한 영계(靈界)와 영파(靈波)와 관련이 있다. 그래서 운의 리듬을 이해하기 위해서는 하루 24시간의 영파를 조사해 보아야 한다. 즉 인간의 운과 관계있는 영파를 아는 것으로, 이것은 운과 시간의 관계라고 할 수 있다.

● 0시~1시

당신이 태어나서 생활하고 있는 이 세계와 영계 사이의 막이 조용히 열린다. 그리고 혼과 영계와의 파동이 대응한다. 그날의 운세의 그림자가 현재를 언뜻 스친다. 꿈에서 나온 진실이나 꿈은 정몽(正夢)이라고 일컬어지는 것은 인간의 심층 심리가 이 영파와 대응하고 있기 때문이다. 욕심 없는 마음으로 원하면 염원이 이루어질 수 있는 신비한 시간이다.

● 1시~4시

영계에 있는 떠오를 수 없는 영, 즉 유령적 존재의 부랑령(浮浪靈), 무연불(無緣佛) 등의 저급한 영이 되살아나 영파를 일으키는 시간이다. 특히 1시 30분경부터 3시 30분경까지 악령이 여러 가지 재앙을 일으킨다. 축시(丑時)라는 이 시간에 남에게 원한의 영파를 보내면 악령이 거기에 가담해 저주를 건다. 그러나 그 저주의 원한은 자기 자신에게 되돌아와 괴로워진다. 이 시간에 명상에 잠기면 악마적인 발상이 떠오르고, 악령이나 사령(死靈)에 홀리기 쉬우니 조심해야 한다. 또한 이 시간에 사망한 사람은 악령이 방해를 해서 성불(成佛)이 되는 데 시간이 걸린다고 한다.

● 4시~6시

악령이 가고 선령이 움직이기 시작하는 때이며 진지하게 성불한 영이 영파를 보내오는 것이다. 선조의 영이나 근신의 영이 무언가를 알릴 때, 이 시간에 꿈속에 나타난다.

그 말투가 밝으면 좋은 징조이고, 음울할 때는 나쁜 전조다. 사망한 경우는 선령의 인도로 헤매지 않고 성불할 수 있다.

● 6시~7시

고귀한 영이 움직이는 대로 신이 알리고자 하는 것 등이 꿈속에 나타난다.

● 7시~8시

영계의 움직임보다 현세의 움직임이 활발해지는 시간이다. 그렇게 때문에 영파의 움직임도 변한다. 8시의 또렷한 태양의 빛에는 강한 에너지를 가진 영파가 포함되어 있는데, 행운의 영파라고 할 수 있다.

모택동은 아침 8시의 태양을 더없이 사랑했다고 한다.

● 8시~10시

영계에서의 영파가 점점 조용해지고, 대신에 인간에게 붙어 있는 수호령이 강한 영파를 내보내게 된다. 이 시간의 아이디어나 새로운 계획은 수호령의 힘이 더해져 성공의 확률이 높다.

● 10시~12시

천계에서의 영파가 그날의 강한 운세를 동반해 서서히 힘을 더해 간다. 큰일이나 새로운 출발 등에는 전조가 좋은 파장이 이는 시간이다. 또한 승부운에 맞는 영파도 나오기 때문에, 이 시간에 정신 통일을 꾀해 그 영파를 받으면 승리를 얻을 수 있다.

● 12시~13시

정오의 태양의 빛, 즉 에너지는 그 속에 행운의 영파를 가지고 있다. 강렬한 그 에너지를 쬐면 좋다. 눈앞의 현실보다도 일생의 운명을 유지해 줄 정도의 강한 영파이기 때문에 큰 장래를 건 소원을 비는 것이다. 단지 하루만에 효과가 나타나는 것은 아니다. 적어도 1년 이상은 계속 참고 기다리는 것이 필요하다.

● 13시~14시

선령을 도안한 영파가 활동하는 시간이다. 노력하고 정직하게 일하는 사람에게 선의 영파가 주어진다. 중소기업 경영자, 상점주, 장인, 샐러리맨 등 성실하게 살아가는 사람은 이 선의 영파와 결합되도록 한층 더 노력하고 마음의 안정을 찾도록 해야 한다.

● 14시~15시

선령의 영파가 계속 활동하는 시간이다. 매사를 정리하고 결정짓는 시간이기도 하다. 고민 등 확실한 원인을 찾아 헤매지 않고 방침을 결정하면 해결할 수 있다.

결단을 내린 강한 마음에 영파도 또한 효과적으로 협조해 줄 것이다. 특히 사람을 도와주는 행위 등엔 크게 영파가 작용해 굉장한 결과를 가져다 줄 것이다.

● 15시~16시

건강, 수명 등 육체에 관한 영파가 활동한다. 특히 정각 15시의 태양 빛에는 인간의 혼의 근원이 되는 에너지가 포함되어 있다. 환자나 몸이 약한 사람은 이 시간에 명상을 하고, 마음을 안정하고 영파를 받으면 좋다.

● 16시~18시

옛날부터 재앙이 닥치는 시간이라고 일컬어지는 마(魔)의 시간이다. 해가 저무는 시간, 신의 영파가 활동을 늦추고, 악령이 숨을 죽이며 나올 차례를 기다리는 시간이다. 마찬가지로 인간도 저녁 시간이라 마음을 놓는 때이므로, 큰 사고나 자살 등이 일어나기 쉬운 시간이다. 특히 1시 영파의 움직임이 끝나는 공백의 시간이다. 가장 신경을 써야 하는 시간이라고 할 수 있다. 불길한 예감이 들거나 하면 아무것도 하지 않고 가만히 있는 게 무난하다.

● 18시~20시

이 시간, 마(魔)는 점점 조용해지고 평화의 영파가 움직이기 시작한다. 평화의 영파이기 때문에 자극적인 일은 없다. 자극을 원하거나 조바심을 내거나 하면, 오히려 나쁜 결과를 초래하게 된다. 조용히 공부를 하거나 연구를 하거나, 집에서 느긋하게 쉬는 것이 좋다. 아이디어를 떠올리거나 냉정한 판단을 하기에는 아주 적절한 시간이다.

● 20시~21시

평화롭고 조용한 영파로부터 움직임의 영파로 바뀐다. 활기를 띤 영파가 활동을 시작한다. 하루의 반성과 앞으로 하고 싶은 일, 소원 등을 빌면 이루어질 수 있다. 무슨 일이든 자신감을 갖고 도전하면 운이 따른다.

● 21시~22시

악령이 소란스럽게 움직이기 때문에 사람이 나쁜 생각을 품기 쉽다. 특히 재난이 덮치기 쉬운 시간이다. 도둑이 들거나 부주의로 불이 나거나 한다.

운전하는 사람은 졸음이 오기 쉬우므로 이마를 가볍게 세 번 정도 때리는 게 좋다. 뇌신경을 자극해서 사고를 막을 수 있다. 반대로 불면증으로 고민하는 시간이 바로 이때다. 잠이 오지 않는 사람이 억지로 자려고 하면 악몽에 시달리거나 한다. 자연스럽게 잠이 들 수 있도록 책을 읽으면 좋다.

● 22시~23시

조용하고 선량한 영파가 작용을 해서 인간의 마음이 안정된다. 이때 잠이 들면 편안히 쉴 수 있다. 하루 종일 피곤했던 두뇌에 좋은 영파가 작용해 그 피로를 말끔히 씻어 주는 시간이다. 조용히 생각해 보면 좋은 아이디어가 떠오른다.

● 23시~24시

선의 영파도 악의 영파도 움직이지 않는 시간이다. 특히 23시 30분 이루는 공백의 시간이다. 이 시간에도 강렬한 생각이나 행동을 하면 재앙을 초래하기 때문에, 조용히 쉬든지 사고를 중지하는 게 무난하다.

이상이 시간에 따른 운의 리듬의 설명인데, 당신은 이제까지 조용히 생각을 해야만 하는 때 무턱대고 행동을 하거나, 반대로 과감히 행동을 해야만 하는 때 침울해 있거나 하지는 않았는가. 이 리듬을 염두에 두고 앞으로는 매일 매일 보다 효율적으로 보내고 강한 운을 잡기를 바란다.

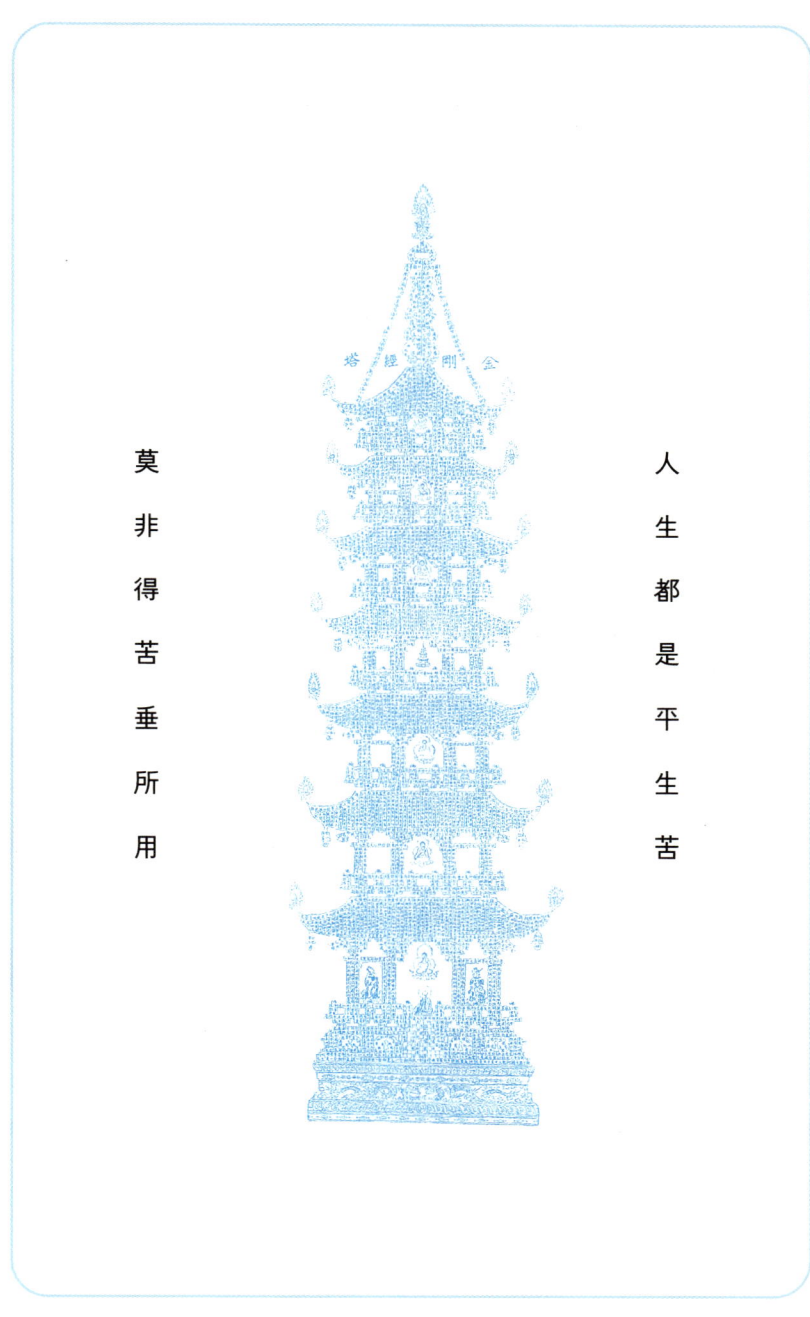

莫　人
非　生
得　都
苦　是
垂　平
所　生
用　苦

無風天地無花開
無露天地無結實

바람 없는 천지엔 꽃이 필 수 없다.
이슬 내리지 않는 곳엔 열매가 없다

부처님 십대명호(十代名號)

    여래(如來): 오고 감이 없다는 뜻이다. 중생구제의 뜻을 두고 부처님의 길을 열어서 열반 언덕에 도달한 사람, 이 세상에 오셔서 진리 정법을 보여 주신 분, 또 중생을 교화하고 진여의 세계로 되돌아가는 분이 여래다.

    응공(應供): 응당히 공양 대접을 받을 만한 분이라는 뜻이다. 아라한과에 응할 만한 자격을 갖춘 분이시고, 중생을 위해 사시는 분이다. 석가모니 부처님께서는 빈부 격차 없이 함께 살았다고 한다. 한 시대 한 세월 다 함께 서로 도와가며 함께 살았고 중생을 위해 온갖 번뇌 끊으시어 인간, 천상의 중생들로부터 응당히 공양 받으실 만한 덕이 있으신 분을 말한다.

    정변지(正遍知): 인간 세상을 다 두루두루 다 알고 계신 분이라는 의미이다. 진리, 중생, 방편, 근기 따라 다 알고 있는 분이다. 등정각, 일체지(一切智), 즉 우주간의 물질 마음에 현상에 대하여 알지 못하는 것이 없다는 뜻이다.

명행족(明行足): 숙명, 천안, 누진통, 즉 6신통을 통달해 삼세 지혜 모두 이롭게 하는 자비 광명 진리를 깨달은 분을 뜻한다. 이 세상 모두 해와 달 같이 밝게 행하여 중생들에게 등불이 되신 분이다.

선서(善逝): 어리석음이 없고 미혹의 세계를 알며, 즉 윤회 세상을 아시며 허공을 날으는 새가 흔적이 없듯이 죽을 때(열반) 한탄하지 않고 흔적 없이 잘 떠나간다는 의미이다. 모든 이치가 앞과 뒤가 똑같다.

세간해(世間解): 세상의 이치를 잘 아는 분을 뜻한다. 중생 근기와 남여 속성, 개인의 성격 일체를 경험하셨고, 세간·출세간, 유·무정 모든 일을 다 아시는 분이라는 뜻이다. 즉 중생의 고통을 다 알고, 세상 이치도 다 알고 계신 분이다.

무상사(無上士): 최상의 선비 독존의 뜻으로 유·무정 중 가장 높은 사람을 의미한다. 인간의 존엄성은 평등하다. 남녀노소 따로 없다. 영(靈)은 같다.

조어장부(調御丈夫): 대자대비 대지혜로 중생의 조복을 받고 바른 길 인도해 주시는 분이라는 뜻이다. 열반에 길(누가 뱃속에서부터 배워 나왔을까. 달리는 말을 잘 훈련시키듯이 내 맘대로 함) 인도해주시는 분이다. 자기완성을 위해 노력하고 성불을 위하여 어떠한 어려움도 극복을 하신 분을 뜻한다.

천인사(天人師): 우주 법계 인간과 신들의 대 스승이라는 의미이다.

불 · 세존(佛 · 世尊): 불(佛)은 살아 움직이는 생명, 세존은 우주 진리를 깨달은 분(正覺)이라는 의미다. 세간의 존경 받고 가장 존중하고 존귀하게 된 분을 말한다.

불자들이 부처님 십대 명호를 잘 모르는 것 같아 이 책에 실었다. 여래, 응공, 정변지, 명행족, 선서, 세간해, 무상사, 조어장부, 천인사, 불 · 세존 순서대로 열심히 염송하고 외우시면 그 어떤 '마'라도 침범하지 못하므로 꼭 외우고 부처님의 10가지 기능을 잘 익혀야 할 것이다.

원상개운법

하나의 상(相)에는 본질적으로 세 가지 상을 가진다. 본아(本我), 가아(假我), 타아(他我)가 그것이다.

- **본아(本我)**: 진아(眞我). 완전하게 존재하는 본래의 청정한 자성. 불성(佛性). 일체가 끊어지고 끊어짐마저 끊어진 자리. 진리의 원뿌리.

- **가아(假我)**: 자아(自我). 개체가 나타나며 나온 성격, 생각, 의식 등을 의미한다. 일반적으로 나를 의미한다.

- **타아(他我)**: 나를 제외한 타인의 자아.

우리가 본아와 일체가 되지 못하는 이유는 자아와 타아 사이에 수많은 나쁜 파장, 즉 업(業)과 습(習)이 양파껍질과 같이 싸고 있기 때문이다. 우리가 살아오는 과정에서 내 몸과 마음에 쌓아온 업과 습을 없애기란 그리 간단치 않다. 그러나 우리는 항상 말과 행동 의식(身, 口, 意)을 잘 관(觀)하여 나쁜 업습(業習)이 침범치 못하게 해야 한다. 이것이 비우고 또 비우는 과정인 것이다. 그리고 지금까지 지어온 업습(業習)은 참회하고 또 참회하여야 할 것이다. 그러다보면, 진실로 나의 삶에서 일어나는 나쁜 일들과 장애는 사라지게 될 것이다.

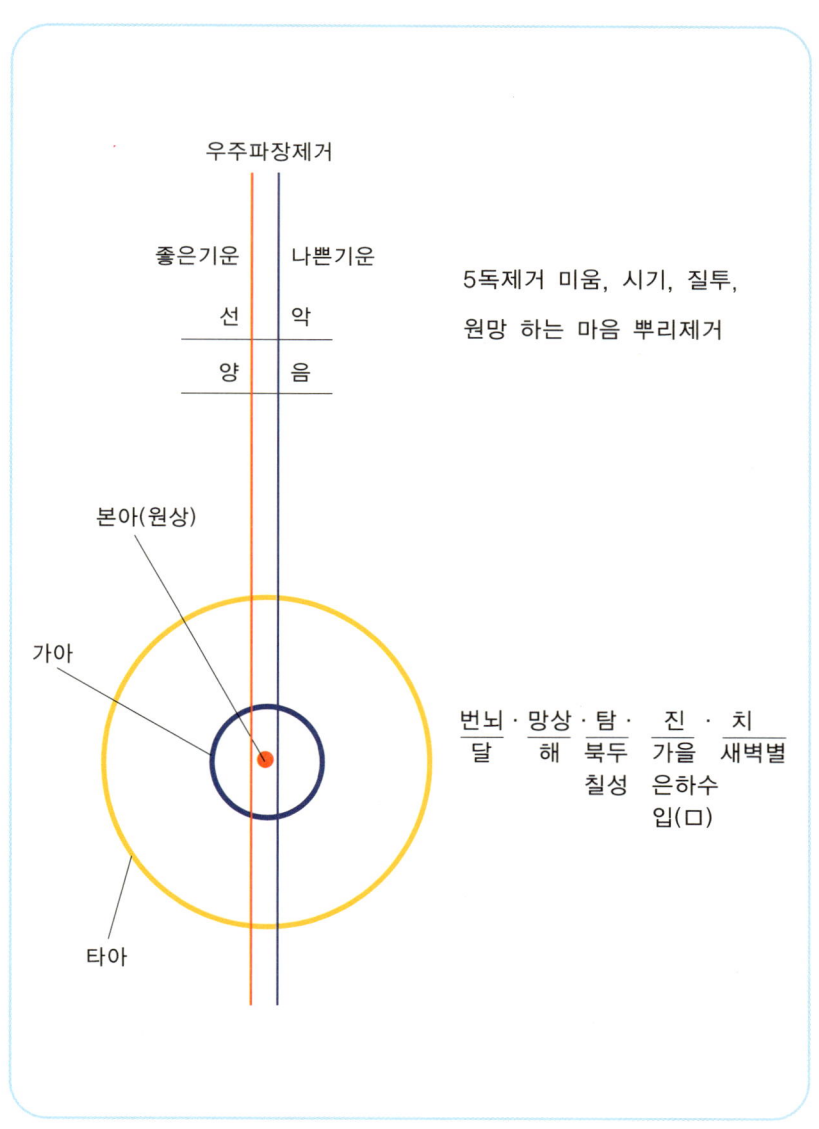

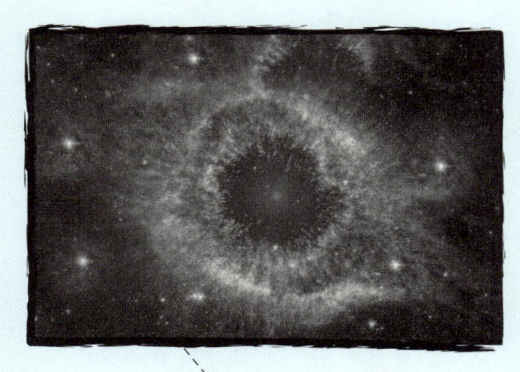

제**4**장
우주회로와
운명제도
회로

우주에서 바라본 기회로(氣回路)란

우주는 모두 원운동을 하고 있으며, 그 작용에는 기(氣)가 있다. 즉 기는 우주에 충만한 근본적인 소(素)로 우주(宇宙)에 만재하고 있으며, 모든 개체에 작용을 한다. 또한, 모든 것을 싸고 유지하며, 모든 사물의 생성(生成), 성장(成長), 소멸(消滅)을 관장하고 있다.

대우주의 순수에너지 근원에너지가 어떤 조건에 의하여 눈으로 볼 수 있는 그림으로 제도화하여 나타내어 보여 주는 것이 기회로다.

회로는 우주의 근원운동인 원운동의 힘을 이용한다. 이러한 과정에서 기의 흡입과 방출로써 불균형을 균형으로 이끌어 주는 도리가 있다. 또 기는 회로에 따라 흐른다고도 할 수 있고, 회로가 기의 흐름을 나타낸 것이라고도 할 수 있다.

불교에서 바라본 기회로의 정의

기회로(氣回路)란 일미진중함시방(一微塵中含十方)의 세계다.

"하나의 미세한 티끌 속에 시방세계가 담겨 있다."

《화엄경》의 대의를 표현한 의상조사의 〈법성게(法性偈)〉의 한 구절이다. 이는 불교의 세계관이자 우주관이다. 참으로 대단하지 않는가?

현대 물리학에서는 이 시대에 와서야 겨우 양자물리학의 이론을 제시했는데 대략 2500년 전의 붓다의 교설을 바탕으로 한 사상적 전개와 발전의 산물인 대승불교의 《화엄경》에 이러한 사상은 이미 설파되었다는 사실을 두고 하는 말이다.

이러한 논리를 바탕에 두면 다음과 같은 결론을 표출할 수 있다.

"극미의 세계와 극대의 세계는 서로 상통하며 하나의 절대적 원리가 온 우주에 만재한다."

서로 상통케 하고 만재하게 하는 것은 무엇인가? 현대에서는 에너지의 질량보존의 법칙과 원리가 같다.

운명의 정의

운명은 마음의 일체 거리낄 바 가 있으면 미혹에서 운명이 지어진다. 마음의 거리낄 바가 전혀 없는 허공의 체성 우주의 큰 마음을 깨달은 사람은 운명의 속박에서 벗어날 수 있다. 즉 사주팔자(四柱八字)의 굴레에서 벗어날 수 있다.

• 분노, 괴로움, 슬픔, 허무, 갈망, 탐욕(인생살이 남보다 더 잘살아야겠다)이라고 집착하게 되면 운명이 더 뚜렷이 잘 일어납니다. 하지만 심외무법(心外無法)을 깨닫고 모든 운명은 자기 자신이 창조한다는 사실을 인식해야 한다.

• 우주회로 기(氣)를 잘 받으면 운명에서 벗어날 수 있다. 나 자신 본성과 우주 본아가 일치하게 되면 운명이 바뀌게 되어 운명제도가 되는 비법이다(업식 에너지가 바뀌게 된다).

소(素)가 체(體)라면, 기(氣)는 용(用)이다

돌고 휘고 꼬이고 펼치고 오므리는 힘을 기(氣)라고 하며 이러한 기의 운용을 통해 의식과 무의식을 오가며 때로는 의지를 담고 때로는 스스로의 움직임을 빌어 기운을 축적하기도 하고 그 힘을 쓰기 위해 또는 드러내지는, 행위에 의해 그려 내는 그림이나 표현을 회로로 본다. 행위 또는 업(業)의 농축된 형태로도 표현할 수 있다.

부연하자면 예술, 무술, 의술 등의 분야에서 체와 용이 혼연일체(渾然一體)가 되어 작위(作爲)적이지 않은 무심으로 드러난 어떤 형태나 경지도 또한 농축된, 제대로된 회로라고 할 수 있겠다.

이러한 것의 가장 대중적인 것 중의 하나가 바로 제대로 쓰여진 부적이다. 명화(名畵)나 대가의 선필도 같은 맥락이라 하겠다.

기 회로는 바로 일미진중함시방(一微塵中含十方)의 이치를 그대로 표현한 세계이다.

극미(極微)의 세계와 극대(極大)의 세계는 서로 상통(相通)하며 하나의 절대적 원리가 온 우주에 만재(滿載)하기에 한 장의 종이 위에 그려진 회로에는 회로를 그려 내는 당사자 만큼의 시간과 공간이 담겨져 있다.

마음이 움직여 전달되어져 보이지 않는 근원력이 기(氣)이며, 기운의 운영, 운용의 키 워드는 심법(心法)이다. 자신만의 특이공능(特異

功能)인양 혹세무민하는 곳이 있다면 현혹되지 말라는 뜻이다.

바른 마음으로 누구나 선용(善用)할 수 있는 기의 세계는 정지관(正智觀)을 바탕으로 그 활용 여부에 따라서는 수행자에게는 중요하고 소중하며 무한한 방편이자 선물이 된다.

우주의 근원운동인 원운동의 성질

첫째, 원을 왼쪽으로 돌리면 무형, 영계, 의식의 힘이 작용하며, 오른쪽으로 돌리면 현상계, 물질계에 작용한다.

둘째, 원 운동하는 회로는 시공(時空)을 초월하여 작용한다.

셋째, 극대(極大)에서 극소(極小)에 이르기까지 두루 작용한다(극대세계와 극미세계는 상통한다).

기에 의한 동작은 일회적인데 비해 회로는 시간을 극복하여 후세에 영구 자료화되어진 것에 조건을 보충하여 수정, 보완, 발전시킬 수 있는 이점이 있다. 그리고 무엇보다도 회로는 영계에 공력을 저장하는 비축의 의미가 있기도 한다.

기회로를 수련하는 방법

첫 번째 방법은 우주회로, 장엄, 제도화 된 그림위에 양손을 5~10cm정도 불을 쬐듯이 올려놓고 기를 받는다.

두 번째 방법은 왼손은 왼쪽 무릎 10cm 위에 손바닥을 펴서 천기를 받고, 오른손은 우주회로 위에 적당한 간격을 두고 손바닥(노궁혈)으로 기를 받는다.

이와 같은 방법으로 기를 받게 되면 자신의 기가 증폭되어 손이 저절로 움직여지는 기 운영과 기공이 저절로 나오기도 한다. 이때에 절대 그 기운의 흐름에 역행하는 움직임을 해서는 안 되며 그 기 흐름에 따라 모든 동작을 자연스럽게 따라해야 한다.

자신의 인체에 부족한 에너지를 채워주며 온몸에 청량한 빛이 들어옴으로써, 기력이 솟고 기가 교류되어 신선한 우주의 정기가 들어옴으로 밝은 지혜가 떠오른다.

이때 나쁜 탁기(濁氣)는 배출된다.

치료회로는 각자의 생명장을 조화롭게 함으로써 필요한 기운, 에너지를 공급해 주고 불필요한 기(邪氣, 病氣, 濁氣)를 제거해 주면서 심신의 조화를 이루어 생명장을 확대시킨다.

이때에 우주의 기 에너지가 각자의 형태대로 부족한 운동을 시켜주며 필요한 에너지를 받아들일 수 있도록 조정이 가능하다. 기가 무의식적으로 자신의 부조화로운 기장을 조정하게 한다.

운명제도 회로

운명제도 회로란 인간은 누구나 타고난 사주팔자가 있는데 부귀빈천(富貴貧賤)과 생로병사(生老病死), 사농공상(士農工商), 인의예지(仁義禮智) 등의 운명을 좋게 하는 회로다.

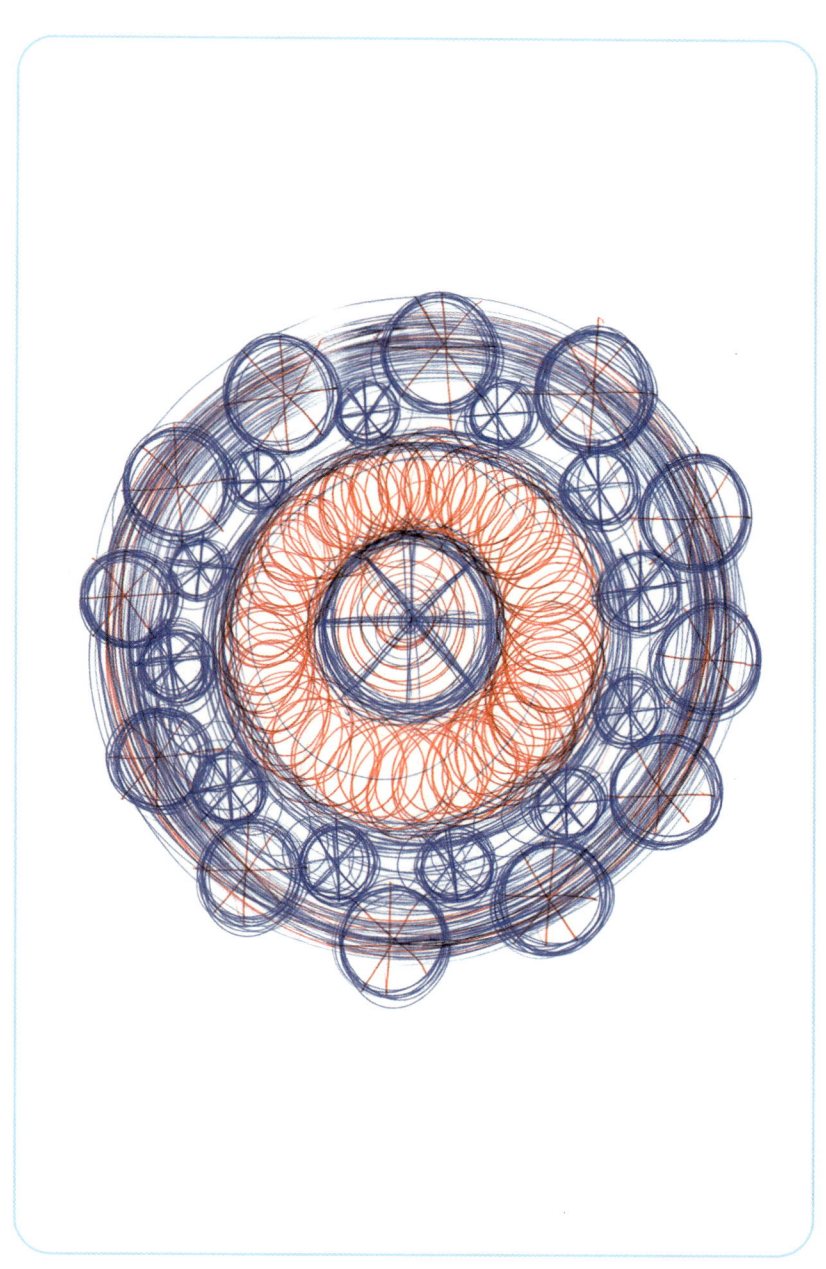

조상천도할때 氣 받는 회로

칠성 氣 건강(수복)

원각 – 도운 – 백세 – 제민
생명 – 진인 – 본성 – 광명

우주회로

우주 글

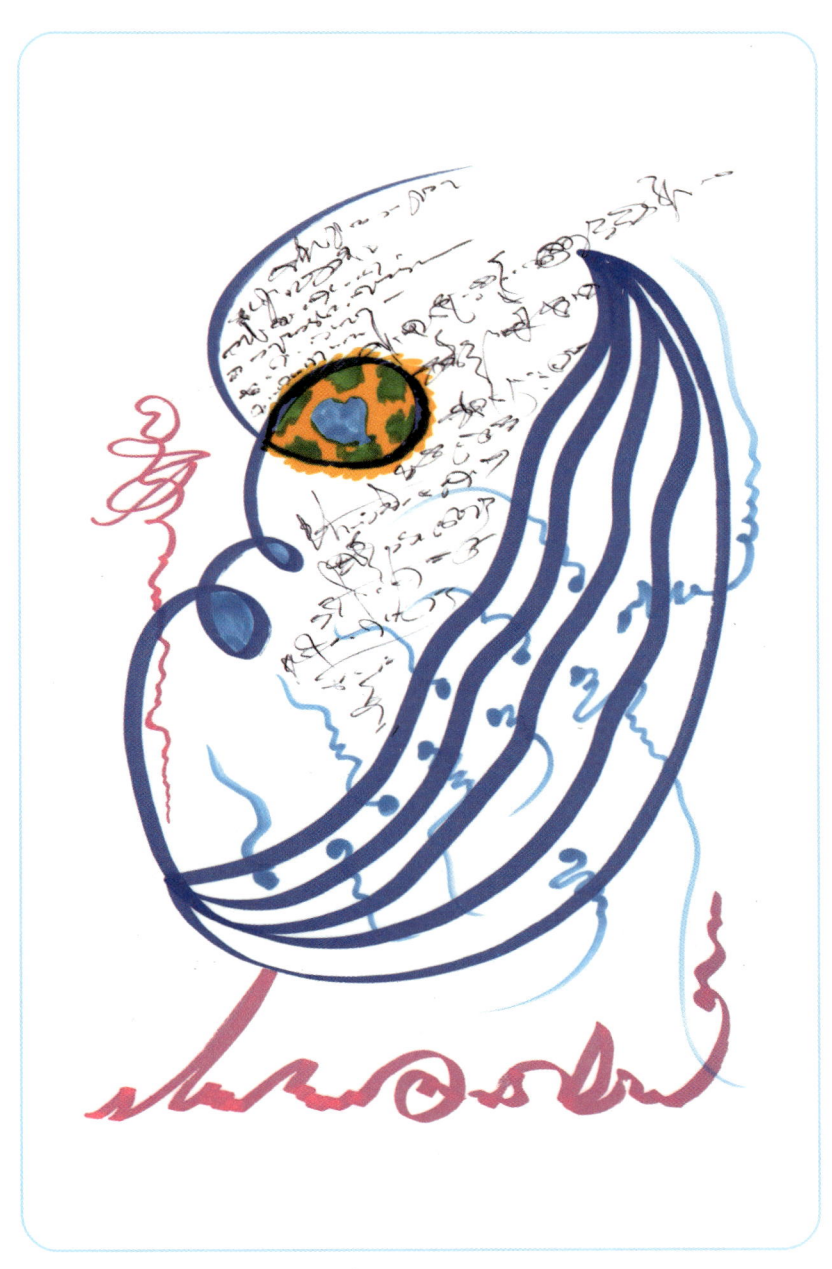

日松 삶(우주파장)

촛불(광명) 소원성취 재물

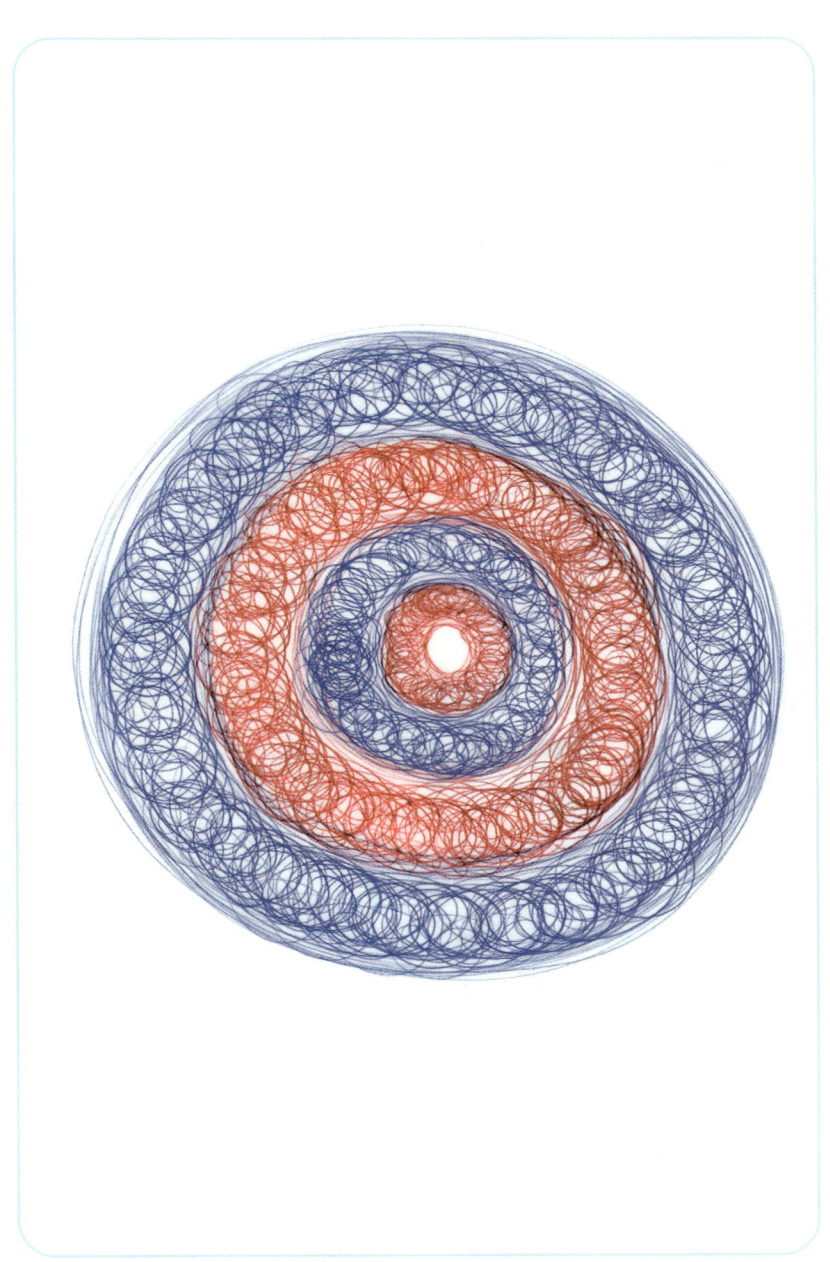

머리가 맑아지고 운명개척

십이인연제도 좋은 만남 결혼

코스모스 에너지 파워 "원기회복" 희망

부록
사상체질과
수맥

사상체질

(1) 외모와 성품으로 본 체질(분류法)

① 태양인

외모(생김새) : 머리가 크고 얼굴은 둥근 편이고, 이마는 넓고 눈빛은 예리하게 빛난다. 살은 별로 없고 광대뼈가 튀어 나옴. 가슴 위(상체)가 발달 됨. 다리(하체)가 약해 오래 걷거나 서 있지 못함. 깔끔한 외모에 당당해 보인다.

성격(성품) : 두뇌가 명석하고 창의력 · 사고력 · 판단력이 뛰어나며 진취적이며 영웅심을 발휘하여 일하는 습성이 있다. 자존심이 너무 강하여 자신의 뜻대로 일이 안 되면 분노심이 많다. 사회적으로는 대인관계에 능하나 안하무인이고 독선적이다. 어떤 일도 앞장서 시원하게 잘 처리 하는 편이며 의욕 과잉으로 조급한 성격을 보인다.

특징(건강) : 폐 기능이 강하고 간 기능이 약하게 태어남. 폐는 튼튼하고 간은 약하다. 우리나라에 한 5% 정도가 있다. 동물에 비유하면 용(龍)에 해당되고 간 기능이 약하므로 술을 끊는 것이 좋다. 상체보다는 하체 운동 많이 해야 한다.

언변이 능하며 지도력 탁월. 독재자 스타일. 아무리 먹어도 살이 잘 찌지 않는 편.

수맥에 민감하며, 판단력이 좋다.

적성(직업관): 체육인(육상, 권투, 축구 등), 음악가, 예술인, 발명가, 정치인(종교인, 예언가, 무속인)

② 소양인

외모(생김새): 머리가 앞뒤로 튀어 나오거나 둥근 편이고. 턱은 뾰족하고 입술은 얇고 눈은 반짝인다.

새가슴 형이다. 등이 굽어 어깨가 앞으로 구부러진 모습으로 엉덩이가 작고 살색은 희며 윤기가 적은 건성 피부형이다. 머리카락은 가늘고 곱슬머리가 많다. 피부에 반점이 생기기 쉽다.

성격(성품): 골치 아픈 것을 싫어하는 단순한 성격으로 급하고 경솔하며 빨리 시작하고 빨리 끝내야 하며 일에 싫증을 잘 느낀다. 겉으로는 얌전해 보이나 속에는 불 같은 성격. 의리가 있으며 불의를 보면 못 참는 강직성, 동정심이 많고 아부하기 싫어하며 솔직하고 꾸밈이 없다. 돈보다 명예를 중시하고 오락 재능이 없으며 직감이 뛰어나다.

특징(건강): 동물에 비유하면 '말'(馬). 봉사정신이 강하며 바깥에서 칭찬받기 좋아하며 가정에는 좀 무관심한 편이다. 계획성 없이 일을 잘 벌여 마무리 못하는 단점이 있다. 행동과 말이 빠르고 성격이 급해 실수가 많고 어려운 일은 쉽게 포기하는 체질로 '인내심'을 많이 길러야 한다. 비, 위장은 튼튼히 타고 났으나 신, 방광은 약하다. 우리나라 국민의 약 25%정도 차지한다. 소화력은 좋다. 신, 방광이 약하므로 성욕은 자제해야 하고, 여성의 경우 불임이 많다. 상체 운동보다 하체 운동이 필요하며 열이 많은 체질이므로 꿀과 인삼은 금물이다. 자기 자신이 컨트롤을 잘 해야 한다. 무슨 일이든 비밀이 없는 성격이다.

적성(직업관): 군인, 외무 · 사법고시, 자영업, 직업적으로 운동선수의 70%가 소양인 체질이 제일 많다.

③ 태음인

외모(생김새): 골격이 굵고 비대함. 얼굴형은 타원형. 윤곽이 뚜렷하고 허리가 굵으며 배가 나와 걸음걸이가 거만해 보인다. 얼굴에 여드름 흔적이 있고 땀구멍은 넓고 열이 많은 체질. 손, 발이 크고 상 · 하체가 충실해 무게가 있어 보인다.

성격(성품): 한번 일을 시작하면 끝까지 꾸준히 노력하는 스타일. 지구력이 있으며 느긋하며 낙천적이다. 속이 깊으며 처세에 능하고 고집과 심술이 있고 겉과 속이 다르며 음흉하다. 명예보다 돈을 더 중시한다. 말수가 적고 과묵함. 이기적 성격. 게으른 편. 결단력은 부족하다.

특징(건강): 초지일관형이다. 동물에 비유하면 '소'(牛)같은 스타일. 폐 기능이 약하고 간 기능이 튼튼히 타고나 술을 좋아하는 사람이 많다. 피부가 거칠고 약하며 후각은 발달했다. 항상 땀이 많다. 잔병이 없고 기운이 세다. 무서운 인상으로 미련하고 우둔한 편이다. 우리나라에 제일 많아 40%~50% 차지한다. 담배 끊는 것이 좋다. 폭식하는 체질, 과음 삼가.

적성(직업관): 사업가, 건설업, 금융, 대학자, 영웅호걸

④ 소음인

외모(생김새): 외형상 체구가 작고 상, 하체의 균형이 잘 맞다. 하체가 발달, 엉덩이가 크고 얼굴은 희며 피부는 부드럽다. 미인형이 많다. 애교 많으며 눈웃음 잘 친다.

성격(성품): 소심한 편. 생각과 공상이 많고, 이로 인해 정신적 고민을 많이 한다. 실리위주이며 잔재주가 많다. 소극적이며 무기력한 면도 있다. 질투심이 강하고 겉으로는 부드럽고 겸손하나 마음으로는 아주 강인하고 조직적이며 치밀하고 복수심이 강하다. 신중하고 침착하며 착실하다.

특징(건강): 소화기능은 약하나 신, 방광 계통은 튼튼히 타고났다. 몸이 찬 체질로 여름에도 땀을 많이 흘리지 않으며 동물에 비유하면

사슴이다. 성욕이 강하며, 여자의 경우 출산 때 순산한다. 소화불량과 어지럼증, 구토 등을 조심해야 한다. 돈, 명예보다 사랑을 중시한다. 남에게 인색한 면도 있다. 우리나라에 약 30% 정도 차지한다. 회사에서 사무 보는 직업이 제일 많다. 신경이 예민하고 간섭을 싫어하며 사색적이다. 말이 없어 차가워 보이나 속마음은 여리다. 사회적응이 어렵다. 수맥에 민감한 체질이고, 귀족적이고 권모술수에 능하다.

적성(직업관): 은행, 직장인, 법률가, 과학자, 언론인, 요리사, 박사가 제일 많다.

(2) 사상체질과 색의 관계

동서양을 막론하고 남자 아이들은 청색 계통의 옷을 많이 입히고, 여자 아이들은 주로 따뜻한 느낌을 주는 분홍색 옷을 입힌다. 이를 문화적인 학습의 영향으로 돌릴 수도 있겠지만 오장육부의 생리흐름을 파악해 보면 나름대로 타당한 이유가 있다.

남자는 구규(九竅-아홉 개의 구멍)라 하여 얼굴에 있는 구멍 즉 눈, 귀, 코, 입 7개 항문과 생식기를 포함해서 9개가 있으나 여자는 생식기와 소변보는 곳이 나뉘어 있어 10개의 구멍을 가지고 있다. 다시 말해 남자에 비해 여자가 기운이 새어나갈 곳이 많다.

오장육부는 하나씩인데 관리해야 하는 곳이 여자가 더 많다. 그러다보니 여자는 대개 심장기능이 남자만 못해서 저혈압인 경우가 많다. 물론 체질에 따라 다르고 개체에 따라 다르지만 일반적으로 보면 남자는 여자에 비해 양기가 많아서 열이 많으므로 청색계통의 서늘한 색으로 몸의 열을 식혀주고, 남자에 비해 양기가 적은 여자는 따뜻한 색으로 양기를 보조해야 하는 원리다.

이렇듯 우리가 모르는 색의 세계에는 인체의 생리와 많은 관계를 가지고 있다. 구한말 이제마가 창시한 사상의학에서는 인체를 소음인, 소양인, 태음인, 태양인 등 4개 체질로 나눈다. 색의 관점에서 사상체질을 이해하기 위해서는 우선 오장과 색의 관계를 알아야 한다. 간장, 심장, 비장, 폐장, 신장을 한의학에서는 오장이라 하는데 간장은 청색에 해당하고, 심장은 적색, 비장은 황색, 폐장은 백색, 신장은 흑색에 해당한다.

① 소음인
노란색 계열의 옷을 입고 노란색이나 주황색을 띠는 음식을 먹는 것이 좋다.

소음인은 왜소하고 몸이 찬 경우가 많고 소화기가 약하다. 성격은 꼼꼼하고 예민한 편이다. 얼굴색도 누리끼리하다. 즉 황색을 띠지만 안색이 밝지 못하다는 얘기다. 한의학적으로 이런 경우 비장이 약한 것으로 본다. 그러므로 황색 계통의 옷을 입으면 좋다. 인삼, 황기, 생강, 감초 등 대부분의 소음인 약재도 그러한 이유로 황색을 띠고 있다. 과일도 마찬가지로 귤, 오렌지 등 노란색이나 주황색을 띠는 과일이 좋다.

쉽게 말하면 얼굴이 노란 사람은 노란색이 보약이다. 물론 얼굴이 노란색이어도 윤택하고 소화기능이 좋으면 노란색이 필요 없다. 특별히 소화기능에는 노란색 이외에도 때론 주황색이나 빨강색도 좋다. 아궁이에 불을 때야 솥에서 음식이 잘 익듯이 붉은색 계통이 그 역할을 한다.

② 소양인

검정색 계열의 옷과 음식이 좋다. 소양인은 몸에 열이 많고 성격이 급한 반면 뒷심이 부족하고 건망증도 잘 생긴다. 얼굴은 검은 편이다. 그러므로 신장이 약한 사람임을 알 수 있다. 비뇨기와 생식기 등 인체에서 아래쪽에 있는 장기가 약하다. 그렇게 때문에 요통이나 하체의 관절질환이 많이 나타난다.

이런 경우에는 검정색이 좋다. 기운을 가라앉히고 방방 뜨는 마음을 잡아줄 수 있기 때문이다. 게다가 검정색은 신장을 보하고, 허리나 하체의 힘을 보강하며 뼈에도 좋다. 물론 소양인의 경우에 좋다는 것이지 허리가 아픈 사람이 다 검정색이 좋은 것은 아니다. 잘못하면 더욱 악화될 수도 있다. 소양인의 대표적인 약인 숙지황은 그래서 검은색을 띠고 있는 음식이 좋다. 검정깨가 대표적이다.

소양인에게는 열을 식혀주는 여름 과일이 좋다. 수박, 참외, 메론 등이다. 검정색 과일이 있으면 좋지만 아쉽게도 과일은 검정색이 드물다. 가지 끝에 매달려 태양에너지를 받고, 줄기를 통해서 영양을 받아야 하는 과일은 검정색이 마땅하지 않다. 검정색은 무겁기 때문에 땅에 가깝고 하늘로 오르지 못하는 성질이 있기 때문이다.

③ 태음인

흰색 계열의 옷과 음식이 좋다. 태음인은 체격이 크고, 비만한 경우가 많다. 고집이 세고 욕심도 많다. 간 기능이 좋아서 애주가가 많으나 폐 기능이 약하다. 그래서 율무, 무, 도라지 등 흰색 계통의 한약재가 많이 사용된다. 폐 기능이 약하므로 얼굴색이 흰색을 띠어야 이론상 맞지만 그렇지 않은 경우도 있다.

대개 비만한 사람이 날씬하게 보이고 싶어서 흰색을 싫어하고 검정을 좋아하지만 이치에 맞지 않다. 혈액순환이 안 되는 비만한 사람이 검정색을 입으면 몸이 더 무거워진다. 습기가 많은 곳에 물을 붓는 것과 같은 이치다. 따라서 태음인에게는 흰색, 베이지색, 그린색 계열이 좋다.

④ 태양인

푸른색 계열의 옷과 음식이 좋다. 태양인은 인구 만 명 당 열 명이채 안 돼서 수적으로 가장 적다. 그래서 정확한 통계를 내기도 쉽지 않다. 태양인은 몸체에 비해서 두상이 큰 편이고 진취적이며 물러섬이 없다. 폐 기능이 좋고 간 기능이 약하다. 그래서 태양인에게는 육식이나 술이 다른 체질보다 더욱 해롭다. 육식을 소화하려면 담즙분비가 원활히 돼야 하는데 간장이나 담낭의 기능이 약하기 때문이다. 따라서 육식보다 채식위주의 식사를 하여야 하며 푸른색을 띠는 채소가 더욱 좋다. 청색이 간 기능을 도와주기 때문이다. 약재로는 솔잎이나 다래 등을 쓰고, 포도, 모과, 머루 등도 좋다.

소음인의 에너지패턴은 중심이 약하고 아래로 가라앉고 차가운 경향이 있으므로 노란색으로 중심을 보강하고 따뜻한 색으로 기운을 상승시킬 필요가 있다. 청색이나 검정색 등 어두운 색은 기운을 더욱 가라앉히므로 좋지 않다.

소양인은 에너지패턴이 위로 상승해서 하체가 약하고 열이 과도하게 나는 경향이 있으므로 검정색으로 에너지를 가라앉히고 차가운 색으로 열을 내려야 한다. 노란색이나 붉은색계통은 흥분을 조장할 수 있으므로 좋지 않다.

태음인의 에너지패턴은 중심으로 수렴하는 기운이 강하다. 그래서 비만환자의 대부분이 태음인이다. 그리고 속에는 열이 많으나 찬 기운에 민감하여 호흡기 질환이 많다. 따라서 흰색계통으로 폐 기운을 도와서 기운이 펼쳐지도록 하고 그린색 계통으로 심장에 쌓인 울화를 풀어주는 것도 좋다. 그러나 청색이나 노란색 계통은 간장이나 비장 기능을 강하게 하므로 피하는 게 좋다.

태양인의 에너지패턴은 외부로 발산하는 경향이 많으므로 청색계통으로 수렴시킬 필요가 있고, 빨강색은 피해야 한다.

(3) 사상체질과 스트레스

스트레스에 대한 반응에는 개인차가 많다. 비슷한 조건에서 어떤 사람은 화를 내고 어떤 사람은 우울해 한다. 어느 사람에게는 위협적인 스트레스 요인이 다른 사람에게는 도전의 기회가 되기도 한다. 또 어느 사람에게는 험하고 높은 산으로 느껴지지만 다른 사람에게는 낮은 언덕으로 느껴진다.

즉 스트레스는 누구에게나 있을 수 있는 것이고 사람에 따라서는 병적으로 발전할 수 있는 것이지만 사람의 성격 특성이나 체질에 따라 다를 수 있다. 우선 각 체질의 성격 특성은 다음과 같다.

소음인은 내성적이고 소극적인데 속마음은 조직적이고 치밀한 면이 있다. 또 자기 위주로 생각하는 경향이 있고 자기가 하는 일을 남이 손대는 것을 싫어하며 남이 잘하는 일에 질투심이 강하다. 마음이 다소 편협한 면이 있어 한 번 꽁하면 여간해서 풀리지 않으며 남에게 인색한 면이 있어 스트레스와 연관성이 가장 높은 체질이다.

매사에 꼼꼼하고 철두철미하며, 일이 끝나지 않으면 마음이 불편해 잠을 제대로 못 자고, 남에게 안 좋은 면을 보이기 싫어하기 때문에 매일이 긴장의 연속이다. 즉 소음인은 스스로 스트레스 상황을 만들어 가는 체질이라 하겠다.

소양인은 성질이 급하고 침착하지 못하다. 솔직 담백하며 꾸밈이 없고 아첨을 싫어하며, 불의를 보면 참지 못하는 강직한 성격이기도 하다. 일을 하는데도 판단력은 빠르지만 계획성이 적어 시작은 잘하지만 쉽게 체념도 잘하는데 체질 중에서 스트레스와 연관성이 가장 적은 체질이라고 할 수 있다.

양인은 사고력이 뛰어나고 사교성이 있으며 판단력과 진취적인 기상을 가지고 있다. 영웅심과 자존심이 강해 일이 뜻대로 되지 않을 경우에는 크게 분노를 일으켜 건강을 해치기도 하지만 태양인은 숫자가 아주 적다.

태음인은 겉으로 보기에는 점잖고 원만해 보여 별 반응을 보이지 않는 것처럼 보이나 이면에는 아주 여리고 세심한 면도 있어 가슴 아픈 장면이나 불쌍한 사람을 보면 금방 마음 아파하고 감정의 변화를 보인다. 이런 면 때문에 스트레스에 약하다고 할 수 있다.

태양인은 말이 적고 조용한 편이며 이해 타산적이다. 한번 시작한 일은 꾸준히 노력해 섭취하는 지구력이 있다. 겉으로는 점잖은 듯 하면서도 좀처럼 속마음을 드러내지 않고 잘못한 것을 알면서도 미련스럽게 고집을 부리며 밀고 나가려는 우둔한 면도 있다.

심리학자들의 연구에 의하면 스트레스를 많이 받는 사람들 중에서도 건강하게 지내는 사람들이 있는데 이들의 공통적인 특징은 '어떤 일이 닥치건 그 일 자체에 몰입해서 열중하고, 눈앞에 닥친 상황이 아무리 힘든 일이라도 자신이 스스로 상황을 통제하고 조절할 수 있다고 믿으며, 새로운 변화나 자극을 괴로운 일이라고 여기기보다 자기 성장을 위해 도전해 볼 만한 일이라고 여긴다' 는 것이다.

따라서 자신이 스트레스에 취약한 성격이나 체질을 지니고 있다고 하더라도 스트레스에 대한 자신의 생각과 태도를 변화시키고 성장의 계기로 삼는 자세가 필요하다. 또한 병이 더 심각해지기 전에 치료하고 예방하는 자세를 갖는 것이 중요하다.

(4) 사상체질과 비만

먼저 체질별비만의 유형과 원인을 보면, 소음인은 대부분 마른 체형이지만 상대적으로 골반이나 엉덩이 부위가 발달됐다고 볼 수 있다. 따라서 비뇨, 생식기의 기능이 비교적 강하기 때문에 여자의 경우 출산이 순조로운 편이다. 비만한 사람이 드문 체질이지만 주로 엉덩이나 허벅지 쪽에 살이 많이 찐 하체 비만이나 팔다리는 가늘고 배만 나온 복부비만이 많다.

하체비만이 오는 이유는 몸이 냉하고 양기가 부족한 관계로 기운이 상승하지 못해서 주로 하부로 에너지가 몰리기 때문이다. 그렇다고 발목이 굵은 것은 아니다. 통계적으로 보면 태음인의 발목이 가장 굵고 소음인은 소양인에 비해서도 발목이 가늘다. 또한, 스트레스를 받으면 소화기능에 이상이 와서 습이 정체되어 (한의학에서는 지방을 습담 濕痰으로 본다) 복부비만이 올 수 있다.

소양인은 다른 체질에 비해 가슴이 크고 발달돼 여자의 경우 글래머 스타일이 많다. 주로 상체비만이 많은 편으로 태음인 다음으로 비만이 오기 쉽다. 하지만 먹는 양에 비하면 다른 체질에 비해서 살 찌는 정도가 오히려 적은 편이다. 왜냐하면 소양인은 에너지 흡수보다는 소비가 많이 되는 체질로써 우리가 음식을 할 때 가스렌지의 불이 강하면 음식이 금방 끓듯이 소양인은 위장에 열이 많으므로 소화력이 너무 좋아 빨리 소화되고 상대적으로 흡수가 많이 안 된다.

우리 주위에서 남들보다 많이 먹는데도 불구하고 소화가 잘되고 살이 안찌는 부러움의 대상이 바로 소양인에 해당한다. 오히려 소화가 안 되는 사람이 살이 더 찔 수 있다는 것을 유념하기 바란다.

그렇다면 소양인은 왜 살이 찔까? 스트레스를 받은 소양인은 위장에 열이 심해져서 자꾸 식욕이 과도해지고 반대로 신장, 방광의 수분

배설기능이 약해져 비만이 온다. 따라서 과도해진 소화기의 열 때문에 상체로 에너지가 상승하여 주로 팔이나 어깨 등 상체로 살이 찌는 경우가 대부분이다.

태음인은 전신비만이 주로 오며 대부분의 비만환자가 이 체질에 속한다. 왜냐하면 태음인은 네 체질 중에서 가장 위가 크고, 위산이나 담즙 등의 소화액도 많이 나와 육식을 좋아하고 식탐이 많다. 게다가 소화기의 흡수율이 높다. 대부분의 태음인은 음식을 잘못 먹어 체하거나 감기, 몸살이 와도 입맛은 좋다고 한다. 이러한 태음인의 기질을 흡취기능(무엇이든 끌어당기는 기능)이 발달됐다고 한다.

운동부족으로 심폐기능이 약해지거나, 땀이 안 나고, 배설기능이 약해지면 쉽게 비만이 온다. 태양인은 이전에도 언급했지만 인구수에서 비율이 절대적으로 낮고, 비만한 사람도 드물다. 체격이 작거나 오히려 체격이 크더라도 대부분 골격이 발달되어 지방보다는 근육이 발달되어 있다 볼 수 있다. 성격 자체가 담아두는 성격이 아니라서 몸도 마찬가지로 쌓아두기 보다는 에너지가 쉽게 소비되는 스타일이다.

다른 체질에 비해서 목덜미가 유난히 굵거나 머리 두상이 크고, 눈의 기상이 남달라 때론 무섭게 보일 수도 있다. 하지만 뒤끝이 전혀 없으므로 안심해도 된다. 따라서 태양인은 다이어트 걱정이 없는 체질이다.

사상체질을 창시한 이제마 선생님에 의하면 태음인이나 소양인은 약간 비대해도 좋고, 소음인이나 태양인은 약간 마른 듯 한 게 좋다고 했다. 마른 태음인보다는 약간은 살집이 있는 태음인이 더욱 건강하다는 얘기다. 따라서 표준치에 맞추는 기계식 잣대보다는 체질에 맞는 눈높이가 필요하며, 이러한 상대성과 사상체질에 비추어 판단하는 것이 좋다.

이제 가장 중요한 각 체질별 비만의 예방법을 알아보기로 한다. 소음인은 양기가 부족하고 인체 상부로 기운이 상승하지 못해서 살이 찌는 관계로 소화기능을 좋게 하고 양기를 북돋워야 다이어트에 도움이 된다.

고추의 캡사이신, 양파의 유화프로필, 마늘의 알리신 등 매운맛이 살을 빼준다는 것은 지방이 열에 약하기 때문에 매운 맛이 열을 내고 냉기를 외부로 발산시키기 때문이다.

고추뿐만 아니라 매운맛을 내는 모든 음식이 다이어트에 도움이 될 수 있다. 하지만 열이 많은 사람이나 위장이 약해서 위염이나 위궤양이 있는 사람은 오히려 매운맛이 해롭기 때문에 주의해야 한다.

과도한 운동은 소음인에게 득보다 실이 많을 수 있기 때문에 주로 걷거나 요가, 스트레칭 위주로 하체순환을 돕는 운동이 필요하다. 어떤 운동을 하든 땀을 많이 흘리면 해로우므로 주의해야 한다.

소양인은 양기가 과도하게 상승하고 음기가 하강하지 않아 기운이 상체로 몰려서 주로 상체비만이 오는 것이므로 음기가 잘 하강하도록 신장, 방광의 기능을 도와주고 상부의 열을 내려주는 것이 필요하다. 따라서 주로 해물을 포함한 서늘한 음식이나 약으로 열을 내려주고 진액을 보충하는 것이 중요하다. 단전호흡이나 명상 등을 통해서 상체에 몰린 에너지를 하체로 이끌어주고 자전거타기 같은 하체를 단련하는 운동이 좋다. 또한, 반신욕이나 족욕도 도움이 된다.

태음인은 심폐기능의 강화가 다이어트의 관건이다. 따라서 다이어트의 성공여부도 주로 심폐기능을 보강하는 운동이 좋다. 태음인은 가만히 있으면 몸이 더욱 무거우므로 되도록 몸을 많이 움직여야 하며, 전신을 활용하는 유산소운동을 선택하는 것이 좋다. 게다가 배설기능이 좋아지는 사우나가 좋다. 태음인은 땀이 흠뻑 나면 기분이 상쾌해지고 컨디션도 좋아진다.

　태양인은 비만한 사람이 드물기 때문에 생략한다.

사상체질 분류법

체질별		가장 좋은 것	좋은 것	해가 없는것	해로운 것
태양인	곡류	메밀	현미, 보리, 검은콩, 메주, 옥수수, 녹두	찹쌀, 땅콩, 팥, 감자	밀가루, 흰콩, 치즈, 수수, 고구마
	채소	배추	연근, 우엉, 들깨, 오이, 가지, 호박, 상추, 시금치, 파, 쑥갓, 고추, 미나리	마늘, 양파, 부추, 생강	버섯, 후추, 카레, 양배추, 열무, 무, 당근, 도라지, 더덕, 마, 칡, 도토리
	과일	감, 자두, 포도, 파인애플, 모과	토마토, 복숭아, 딸기, 잣, 바나나, 오렌지, 레몬	배, 귤	사과, 살구, 참외, 수박, 대추, 밤, 호두, 은행
	육류		오리고기		쇠고기, 돼지고기, 닭고기, 개고기, 사슴고기, 노루고기, 염소고기, 뱀, 녹용, 웅담
	해물류	멍게, 굴, 조개	연어, 복어, 미역, 다시마, 해삼, 새우, 게, 가재, 낙지, 자라, 갈치, 고등어, 넙치, 가자미, 광어, 도다리, 오징어	김	상어, 미꾸라지, 장어, 쏘가리, 명태, 멸치
	차류	오가피	포도당, 초콜릿	영지	꿀, 인삼, 커피, 우유, 계란, 겨자

태음인

체질별	가장 좋은 것	좋은 것	해가 없는 것	해로운 것
곡 류	현미, 밀가루, 수수, 흰콩, 고구마	메조, 차조, 옥수수	찹쌀, 보리	메밀, 콩, 땅콩 팥, 녹두
채 소 류	열무, 연근, 무, 당근, 더덕, 마, 칡, 도토리	양배추, 마늘, 양파, 부추, 생강, 우엉, 도라지, 버섯, 참깨, 감자, 가지, 호박, 상추, 시금치, 쑥갓, 고추, 파	오이	들깨, 배추, 미나리
과 일 류	잣	귤, 오렌지, 레몬, 복숭아, 배, 사과, 살구, 수박, 딸기, 밤, 호두, 은행, 바나나,		감, 자두, 참외, 포도, 대추, 파인애플, 모과
육 류	쇠고기, 사슴고기, 녹용, 웅담	돼지고기, 뱀, 닭고기, 오리고기, 개고기, 노루고기, 염소고기, 계란		
해물류	상어, 명태, 멸치, 쏘가리	청어, 조기, 미꾸라지, 장어, 김, 미역, 다시마, 겨자		낙지, 복어, 해삼, 멍게, 굴, 조개, 새우, 게, 문어, 젓갈, 오징어, 자라, 갈치, 고등어, 넙치, 가자미, 광어, 도다리, 연어
차 류		꿀, 인삼, 커피, 우유, 후추, 커레, 엿 치잣		오가피, 영지, 포도당, 초콜릿, 모과

체질별		가장 좋은 것	좋은 것	해가 없는 것	해로운 것
소양인	곡류	보리, 명콩, 팥, 옥수수, 녹두	밀가루, 메밀, 검은콩, 강낭콩, 메조	현미	찹쌀, 흰콩, 치즈, 수수, 감자, 고구마
	채소	오이, 미나리	배추, 얼무, 연근, 우엉, 무, 들깨, 가지, 호박, 상추, 시금치, 숙갓고추, 마늘	도라지	버섯, 양배추, 파, 양파, 부추, 생강, 당근, 더덕, 마, 칡, 도토리
	과일	토마토, 수박, 딸기	복숭아, 감, 배, 자두, 참외, 포도, 바나나, 파인애플	모과	사과, 살구, 대추, 밤, 호도, 은행, 잣, 귤, 오렌지
	육류	돼지고기, 오리고기	쇠고기	계란	닭고기, 개고기, 사슴고기, 노루고기, 염소고기, 뱀, 웅담
	해물류	자라, 복어, 해삼, 새우, 냉면	연어, 멍게, 가자미, 조개, 게, 가재, 문어, 낙지, 오징어, 갈치, 고등어, 청어, 넙치, 굴, 광어, 도다리, 새우젓		상어, 멸치, 미꾸라지, 장어, 소기리, 미역, 다시마, 명태, 김
	차류	영지, 구기자	포도당, 초콜릿, 우유	수수, 옥수수	꿀, 인삼, 녹용, 커피, 계자

체질별		가장 좋은 것	좋은 것	해가 없는 것	해로운 것
	곡류	찹쌀, 차조, 감자	현미, 흰콩, 메조, 고구마		보리, 밀가루, 메밀, 콩, 땅콩, 팥, 녹두
	채소류	마늘, 양배추, 파, 생강	부추, 연근, 우엉, 무, 더덕, 칡, 도라지, 가지, 호박, 상추, 시금치, 쑥갓, 고추, 열무, 양파, 참깨		들깨, 오이, 배추, 미나리
	과일류	대추, 귤	복숭아, 사과, 살구, 호도, 은행, 오렌지, 레몬		배, 자두, 참외, 포도, 바나나, 파인애플
소음인	육류	닭고기, 누룩고기, 염소고기, 뱀	쇠고기, 오리고기, 개고기, 사슴고기, 녹용, 웅담, 잉어, 멸치젓		돼지고기
	해물류	미꾸라지, 장어	조기, 상어, 쏘가리, 김, 미역, 다시마, 명태, 김치	문어	연어, 복어, 해삼, 멍게, 굴, 조개, 새우, 오징어, 게, 젓갈, 자라, 갈치, 고등어, 청어, 낙지, 가자미, 광어, 도다리
	차류	꿀, 인삼	포도당, 우유, 계란, 겨자, 후추, 카레		오가피, 모과, 영지, 초콜릿

수맥

(1) 수맥이란 무엇인가

수맥이란 인체의 혈관처럼 땅 속에서 흐르는 물줄기를 말한다. 사람의 피가 혈관을 통해 온몸에 흘러서 생명을 유지시키고 몸을 성장시키듯이 땅 속의 물 역시 수맥을 통해 흘러서 대자연의 동식물을 가꾸고 성장시킨다. 동식물을 막론하고 지상에 생명이 있는 것은 모두 물을 필요로 한다.

다시 말해 물이 없으면 세상에 태어날 수도 성장 할 수도 없다. 우리 인간의 몸에도 수분이 70%를 차지하고 있다. 이처럼 물과 자연과 생명력과는 늘 밀접한 관계를 가지고 있는 것이다. 수맥은 보통 지하 10~40m정도에 가장 많이 분포되어 있다. 땅속에는 건수, 지하수, 수맥이 있다. 건수는 가물면 물이 마르고 지하수는 땅 속에 고여 있는 물을 말한다.

그러나 수맥은 우리의 피가 온 몸을 돌아다니면서 산소와 영양을 공급하고 노폐물들을 제거하고 항균작용을 하는 것과도 같이 잠시도 쉬지 않고 땅 속에서 순환작용을 계속하면서 지속적으로 생명력을 가지고 대자연과 함께 호흡하고 있다. 그러나 생명의 원천인 지하수는 또 다른 면모를 가지고 있다.

지상에 흐르는 물은 양수요, 지하에 흐르는 물은 음수라고 한다. 음수가 밖으로 나와 양수가 되면 우리에게 없어서는 안 될 귀중한 생명수가 되지만, 양수가 되기 전 즉 지하수가 밖으로 나오기 전의 지하수맥은 사람이나 동, 식물은 물론 건물에도 치명적인 피해를 입힌다.

수맥은 지상의 물을 공급받기 위한 방법으로 종파 즉 지진파를 위로 보내어 땅을 깨고 철근 콘크리트 벽이나 바위까지도 깨는 등의 끊임없는 활동을 하고 있다. 다시 말하면, 우리 체내의 모세혈관들이 모여 혈관을 이루는 것과 같은 작은 수맥들이 모여 큰 수맥을 이루고 있는 것이다.

(2) 수맥의 영향

우리 한국인의 경우 수맥의 기가 민감한 체질을 가진 사람이 전체 인구의 약 30%정도가 된다고 한다. 특히 체질적으로는 소음인이 수맥을 잘 느낀다. 수맥 위에 집을 지으면 수맥에서 나오는 기가 우리 몸과 마음을 불안정하게 하기 때문에 그러한 집에 기거하게 되면 기가 예민한 사람은 질병에 시달리게 된다.

수맥은 지상으로부터 물을 공급받기 위하여 계속 수맥이 지나가는 지표 위를 깨뜨리는 그 어떤 엄청난 파괴력을 지닌 파를 보내기 때문에 철근 콘크리트 벽까지도 깨는 것이다. 그래서 연탄을 사용하던 시절에는 아무리 방을 고쳐도 방바닥에 자꾸 금이 가서 귀중한 목숨을 빼앗기기도 했었다.

따라서 이러한 막강한 파괴력이 가해지는 수맥 위에 사람이 기거하거나 잠을 잤을 때 인체에 치명적인 피해를 입는 것은 당연한 이치다.

일정한 기간 동안 이런 수맥 위에서 잠을 잤을 때 가장 흔히 일어나는 현상으로, 노인이나 혈압이 높은 사람의 경우 거의가 중풍에 걸려 고생을 하게 되고, 임산부의 경우 이유 없이 몸이 무겁고 어지러우며 기형아를 낳기도 한다.

수맥이 인체에 미치는 영향에 대해 설명하다 보면 흑자는 '그럼 방바닥에 깔아 놓은 보일러 배관은 어떠냐?'고 묻는 경우가 있는데, 이미 땅 속에서 끌어내어 인위적으로 흐르게 하는 물, 즉 보일러 배관이나 상·하수도는 인체에 아무런 영향을 미치지 못한다.

인체에 영향을 미칠 수 있는 것은 음수, 즉 지하에서 흐르는 물이다. 수맥의 파괴력은 가공할 만한 힘을 가지고 있어서 가축이 잠을 자는 축사 밑으로 수맥이 지나가면 가축들이 심하게 앓거나 이름 모를 병으로 떼죽음을 당하게 된다.

특히 임신한 가축은 더욱 치명타를 입어 사산을 하거나 기형을 낳고 어미까지 죽기도 한다. 특히 고양이는 수맥에 상당히 민감한 동물이다. 그래서 예로부터 고양이가 살지 못하는 집은 흉가라고 했다. 동물들은 선천적으로 기에 대한 감지 능력을 가지고 있다.

꿩들은 양지바르고 수맥이 없는 곳에서 자신의 지친 몸을 쉬어가고 불개미들은 수맥 위에는 집을 짓지 않는다. 개도 오줌을 눌 때는 주위를 한 번 돌아보고 나서 볼일을 본다. 땅 속에서 나오는 기가 좋은지 나쁜지를 감지하기 위한 것이다. 동물들이 쉬는 장소는 모두 수맥이 지나지 않는 곳이며, 옛날 나무꾼들이 쉬는 장소도 대개 뒤를 막아 주는 야트막한 언덕이 있고 양 옆으로 바람을 막아 주며 앞이 터지고 햇볕이 따사롭고 편안하고 안온한 곳으로, 수맥이 없는 좋은 장소였다.

사람의 경우 30% 정도가 수맥의 영향을 받지만 식물의 경우는 100% 수맥의 영향을 받는다. 수맥이 지나가는 곳에서는 식물도 잘 자라지 못한다. 수맥 위에 심어진 나무는 수맥의 기 때문에 잘 자라지를 못하고 아주 힘겹게 커 가는 것을 볼 수 있다.

산의 오솔길을 보면 대개가 수맥이 지나가는 곳이다. 이런 곳은 다른 곳에 비해 나무나 풀이 잘 자라지 못하여 사람이나 동물들이 그것으로 지나다니다 보니 그렇게 길이 되어 버린 것이다.

이러한 예는 잘 포장된 도로에서도 볼 수 있다. 포장된 도로를 따라가다 보면 금이 가 있는 곳을 발견하게 된다. 이곳이 바로 수맥이 흐르고 있는 곳으로 보면 거의 틀림이 없다. 시골의 우물가에 심어진 나무를 보면 사방으로 휘어져 거대한 분재 모양을 하고 있는데, 이는 수맥의 좋지 않은 기를 받고 자랐기 때문이다. 수맥 위에서는 생명력이 강한 잔디도 못 자라고 누렇게 죽어 간다.

그리고 수맥 위에서는 나무 역시 곧게 자라지 못하고 구불구불 자라게 되는데, 한 곳에 서서 사방을 살펴보면 그러한 현상이 어느 일정 방향으로 뻗어가고 있음을 발견할 수 있다. 그곳이 바로 수맥이 지나가는 길인 것이다.

수맥에 반응이 민감한 나무로는 버드나무, 포플러, 아카시아, 플라타너스, 소나무, 물푸레나무, 개암나무, 전나무 등이 있는데, 이러한 나무들은 수맥을 찾는데 많이 이용되고 있다. 산소와 수맥과의 관계는 경험이나 사실 확인 등을 통해 나타나는 현상들을 볼 때 상당히 밀접한 관계가 있다. 우선 산소 밑에 수맥이 지나가게 되면 잔디가 살지 못하고, 딱지이끼가 끼고, 잡풀만 자라서 결국에는 폐허가 된다. 이렇게 폐허화된 무덤들을 조사해 보면 한결같이 그곳에 수맥이 지나가고 있으며, 그런 무덤들의 경우 후손들이 잘 번성하지 않아 아무도 돌보는 이 없는 무연고 묘가 대부분이다. 그래서 우리 선조들은 '산소 쓰고 3년, 이장하고 3년 동안 아무 탈이 없으면 그곳이 바로 명당이다.'라고 여겨 왔던 것이다.

이런 무연고 묘들을 지역개발 등의 사유로 이장할 때 보면 유골이 새까맣게 변색되어 있는데, 이는 수맥의 나쁜 기가 산소에 침범했기 때문이다. 조상의 시신이 좋은 기가 나오는 장소에 묻혀있으면 자손이 부귀와 영화를 누리는 흥함이 있는 데 반하여 나쁜 기가 나오는 장소에 묻히게 되면 그 후손은 하는 일마다 잘 되지 않고 이름 모를 질병에 시달리면서 괴로움을 당하기도 하는데, 그 후손이 산소를 이장하고 나면 그러한 증상들이 뚜렷이 없어지는 경우를 볼 때 수맥의 기가 산소와 후손에 미치는 영향은 결코 작지 않다 하겠다.

수맥의 기는 가공할 만한 위력을 가지고 있다. 단단하게 지은 건축물을 갈라놓고 심지어는 산에 있는 바위조차도 갈라놓는다. 그런데 수맥 위에 놓여진 정밀 기계쯤이야 어떠하겠는가? 수맥 위에 컴퓨터를 놓으면 3일이 멀다하고 고장이 난다. 고치면 또 고장나고 하여 어떤 때는 이 컴퓨터에 귀신이 붙었나 할 정도로 고장이 잦다.

또 요즘에 나오는 자동차는 정밀한 전자 장치가 부착되어 있어서 수맥이 흐르는 곳에 세워 놓으면 고장이 잦게 된다. 이처럼 수맥은 동식물이나 건축물뿐만 아니라 정밀한 기계에도 영향을 미친다.

(3) 인체에 미치는 영향

불면증

수맥 위에서 잠을 자게 되면 매일 밤 깊은 잠에 들지 못하고 불면에 시달리거나 악몽에 시달리게 되고, 아침에는 몸이 무거워 두통에 시달리다 정신질환이 오는 경우까지도 있다. 잠자는 동안 인간의 뇌파가 4Hz(깊은 잠)와 7Hz(선잠)사이를 거의 주기적으로 오르내린다. 그러면서 7Hz에 있는 동안은 꿈을 꾼다. 4Hz로 내려가면 외형상 아무런 증상도 보이지 않아 마치 죽음과도 같은 깊은 잠에 빠지게 된다.

사람이 잠을 잘 때는 보통 45분 내지 1시간 30분 주기로 두 가지 수면 상태를 반복하는 것으로 알려져 있다. 결국 누구나 하룻밤에 최소한 4~5개의 꿈을 꾼다는 뜻이다. 다만 깨어나서 기억을 하느냐 못하느냐의 차이일 뿐이다. 앞서 수맥의 파장은 수직으로 상승하는 종파로 7Hz라고 설명했다. 바로 이 수맥의 파장이 외부의 자극에 무방비 상태로 잠에 빠져있는 사람의 뇌파를 간섭하는 것이다.

건강한 잠은 뇌파가 4Hz가 되어야 하는데 수맥파가 수면 중인 사람의 뇌파를 7Hz이하로 내려가지 못하게 방해를 하는 것이다.

고혈압, 중풍

일정기간 동안 이런 수맥 위에서 잠을 잤을 때 가장 흔히 일어나는 현상으로, 노인이나 혈압이 높은 사람의 경우 거의가 중풍에 걸려 고생을 하게 된다.

수험생

학생이 수맥 위에서 공부를 하게 되면 항상 머리가 무겁고 아프며, 오래 앉아서 공부를 하지 못하고 자주 밖으로 나오며 마음이 안정되지 않아 불안하고 초조한 탓에 집중할 수 없다.

산모 및 태아

신체 장애자들의 90% 이상이 이런 수맥 위에서 태어난 아이들이라는 조사보고는 수맥이 인체에 미치는 영향이 어느 정도인가를 가히 짐작할 수 있다. 산모 자신은 성인이라서 수맥으로부터 어느 정도 견뎌낸다고 하더라도 약한 어린 태아는 수맥에서 보내어지는 나쁜 기로 말미암아 성장이 중지되어 불구가 되어 태어난다거나 심지어는 사산을 하게 되는 것이다. 그 여파로 인해 결국 산모까지도 허약체질이 되어 심한 병고 속에 시달리는 사례도 있다.

정신질환

수맥이 머리 부분을 지나면 정신질환이 오고 가슴 위를 지나면 심장질환이나 기관지에 질병이 생기며, 무릎 부위를 지나면 관절에 이상이 온다.

(4) 수맥찾기 상식

우리 생활 속에서 수맥을 어떻게 찾을 것인가. 주변에서 일어나는 현상을 통해 수맥을 감지할 수 있다.

모기

심심산골에서 스님들이 무더운 한여름 밤에 모기를 쫓기 위해 어떤 주문을 외는데, 그 주문의 발음 진동수는 모기가 가장 싫어하는 주파수라는 것이 현대 과학에 의해 밝혀졌고, 그에 힌트를 얻어 지금은 모기를 쫓는 장치까지 나와 시중에 판매되고 있다.

개미의 이사

큰 홍수가 나기 며칠 전부터 개미들은 낮은 곳에서 높은 곳으로 이사한다거나 출입구를 높이 쌓아올린다. 그 일이 시작되면 어김없이 장마가 시작된다. 옛날 우리 조상들은 이러한 개미의 움직임을 보고 일기예보를 점치며 그에 대비하였던 것이다.

쥐의 탈출

바닷가에서 살았던 사람이라면, 어느 날 갑자기 정박 중인 배에서 쥐들이 밧줄을 타고 열 지어 육지로 나오는 것을 본 적이 있을 것이다. 이러한 경우, 그 배가 출항을 하면 폭풍을 만나 파선하게 되거나 불이 나서 소실된다고 한다.

지진 감지

또 지진이 일어나는 곳에서 동물들이 먼저 이상 징후를 감지하여 그에 대비한다. 지진이 일어나기 2~3주일 전쯤 쥐, 돼지, 뱀, 소, 닭들은 땅 속에서 나오는 이상 징후인 기(氣)를 감지하고는 평소에 하지 않았던 행동을 취한다.

제비집

제비집이 떨어지면 불이 난다고 한다. 진흙으로 지은 제비집이 부서져 떨어지는 것은 그만큼 대기가 건조하다는 것을 의미한다. 건조하면 그만큼 화재 위험이 많다는 것을 경고하는 것이다.

까치집

까치집이 있는 곳을 보면 항상 나무가 곧다. 그만큼 까치는 기감이 좋아 수맥 위에는 집을 짓지 않는다. 수맥이 흐르는 곳에서 자란 나무는 반드시 삐뚤삐뚤하다.

고양이

고양이는 지하에 흐르는 수맥에 가장 민감한 동물이다. 방을 아무리 따뜻하게 해 주어도 고양이가 붙어 있지 못하고 밖으로 나도는 집이나 고양이가 새끼를 낳지 못하는 집은 방밑에 수맥이 흐르기 때문이다.

마음을 다스리는 글

복은 검소함에서 생기고 덕은 겸양함에서 생기며

지혜는 고요함에서 생기느니라.

근심은 애욕에서 생기고 재앙은 물욕에서 생기며

허물은 경망함에서 생기고 죄는 참지 못하는 데서 생기느니라.

눈을 조심하여 남의 그릇됨을 보지 말고 맑고 아름다움을 볼 것이며

입은 조심하여 실없는 말을 하지 말고 착한말 바른말

부드럽고 고운말만 할 것이며 몸은 조심하여

나쁜 친구를 사귀지 말고 어질고 착한 이를 가까이 하라.

어른을 공경하고 덕있는 이를 받들며 지혜로운 이를 따르고

모르는 이를 너그럽게 용서하라.

오는 것을 거절 말고 가는 것을 잡지 말며

내 몸 대우 없음에 바라지 말고

일이 지나갔음에 원망하지 말라.

남을 해하면 마침내 그것이 다시 돌아오고

세력에 의지하면 도리어 재화가 따르리라.

보왕삼매론

몸에 병 없기를 바라지 말라.

몸에 병이 없으면 탐욕이 생기기 쉽나니, 그래서 성인이 말씀하시되 「병고로써 양약을 삼으라」하셨느니라.

세상살이에 곤란함이 없기를 바라지 말라.

세상살이에 곤란함이 없으면 업신여기는 마음과 사치한 마음이 생기나니, 그래서 성인이 말씀하시되 「근심과 곤란으로써 세상을 살아가라」하셨느니라.

공부하는데 마음에 장애 없기를 바라지 말라.

마음에 장애가 없으면 배우는 것이 넘치게 되나니, 그래서 성인이 말씀하시되 「장애 속에서 해탈을 얻으라」하셨느니라.

수행하는데 마(魔)가 없기를 바라지 말라.

수행하는데 마가 없으면 서원이 굳건해지지 못하나니, 그래서 성인이 말씀하시되 「모든 마군으로서 수행을 도와주는 벗을 삼으라」하셨느니라.

일을 꾀하되 쉽게 되기를 바라지 말라.

일이 쉽게 되면 뜻을 경솔한데 두게되나니 , 그래서 성인이 말씀하시되 「여러 겁을 겪어서 일을 성취하라」하셨느니라.

친구를 사귀되 내가 이롭기를 바라지 말라.
내가 이롭고자 하면 의리를 상하게 되나니 그래서 성인이 말씀하시되 「순결로써 사귐을 길게 하라」하셨느니라.

남이 내 뜻대로 순종해주기를 바라지 말라.
남이 내 뜻대로 순종해주면 마음이 스스로 교만해지나니, 그래서 성인이 말씀하시되 「내 뜻에 맞지 않는 사람들로서 원림을 삼으라」하셨느니라.

공덕을 베풀려면 과보를 바라지 말라.
과보를 바라면 도모하는 뜻을 가지게 되나니, 그래서 성인이 말씀하시되 「덕을 베푼 것을 헌신처럼 버리라」하셨느니라.

이익을 분에 넘치게 바라지 말라.
이익이 분에 넘치면 어리석은 마음이 생기나니, 그래서 성인이 말씀하시되 「적은 이익으로서 부자가 되라」하셨느니라.

억울함을 당해도 밝히려고 하지 말라.
억울함을 밝히면 원망하는 마음을 돕게 되나니, 그래서 성인이 말씀하시되 「억울함을 당하는 것으로 수행하는 문을 삼으라」하셨느니라.

인생 무엇으로 살까

2008년 11월 12일 초판 인쇄
2008년 11월 20일 초판 발행

지은이 : 일송 이학산
펴낸이 : 고광영

책임편집 : 황혜선
교   정 : 임동민
영업 관리 : 이규만 김하정

임프린트 **잔수**
주소 : 우) 110-718 서울시 종로구 관훈동 197-28 백상빌딩 13층 4호
전화 : 02-730-2500 팩스 : 02-723-5961

펴낸곳 : 불교시대사
출판신고 : 2008년 1월 7일, 제300-1991-27호
홈페이지 : http://www.buddhistbook.co.kr

정가 15,000원
ISBN 978-89-8002-117-8 03220